Wissenschaftliche Beratung: Heike Barndt, Christoph Delius

Liebe Leser!

Auf der vorletzten Seite dieses Buches findet Ihr ein Begriffslexikon, in dem die wichtigsten Fachwörter erklärt werden!

CIP-Titelaufnahme der Deutschen Bibliothek

Pinguilly, Yves:
Leonardo da Vinci / Yves Pinguilly.
Aus dem Franz. von Karin Krieger.
Frankfurt am Main: Eichborn, 1993
(Eichborns Kunst für Kinder)
ISBN 3-8218-3601-6
NE: Leonardo ⟨da Vinci⟩ [Ill.]

Umschlaggestaltung: Rüdiger Morgenweck
Redaktion und Produktion: Peter Delius, Berlin
Satz: Fuldaer Verlagsanstalt GmbH
Printed in Belgium

ISBN 3-8218-3601-6

Yves Pinguilly

Leonardo da Vinci

Aus dem Französischen
von Karin Krieger

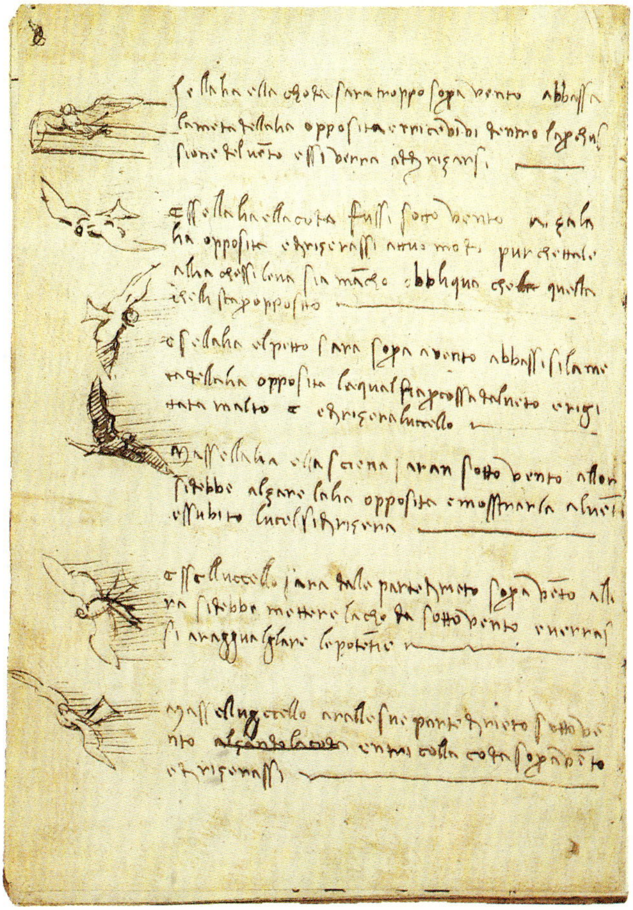

Eichborn Verlag

Lieber Onkel Leopold,

wir haben schönes Wetter, ich sitze im Garten und schreibe Dir einen Brief. Das Himmelblau ist richtig blau und mittendrin sitzt die Sonne und sieht aus wie ein Spiegelei. Hast Du schon gehört, was mir passiert ist?
Aua! Aua!! Aua!!! Jetzt wirst Du bestimmt wieder sagen, ich sei ein verrücktes Huhn. Also: Ich bin mit der Schulklasse in den Osterferien nach Österreich zum Skilaufen gefahren. Da unten in Kitzbühel habe ich wirklich auf Skiern gestanden. Das kann niemand bestreiten! Viele Stunden lang war ich die Schneekönigin. Jawohl, eine richtige Königin war ich!
Eines Morgens allerdings bin ich so schnell über die Piste geflitzt, daß ich fast wie ein Vogel geflogen bin. Dumm ist nur, daß man wieder runterfällt, wenn man losfliegt, ohne ein Vogel zu sein. Naja, und deshalb habe ich jetzt zwei gebrochene Beine. Zwei gebrochene Beine für einen allein – das gibt es nicht alle Tage! Ich kann jetzt nichts weiter machen, als geduldig auf das Frühlingsende zu warten. Dann kann ich wieder laufen wie ein normaler Mensch. Ich bin angeknackst und eingegipst, aber ich schreibe Dir eigentlich nicht, um hier große Reden zu halten. Ich schreibe Dir, weil Du ein Dichter bist und alles weißt. Ich suche nämlich etwas: Es geht um ein Bild, das in meinem Zimmer im Krankenhaus gehangen hat. Das muß ein uraltes Bild gewesen sein, weil die Frau darauf ganz altmodisch angezogen war. Aber stell Dir vor: Obwohl es doch nur ein Bild war, hatte ich die ganze Zeit das Gefühl, sie lächelt mich an. Ehrlich, sie hat mich angesehen und mir in diesem blöden Krankenhaus Mut gemacht. Deswegen habe ich sie auch „Die Mutmacherin" genannt. Aber Vati sagt, sie heißt „Mona Lisa" und gemalt hat sie ein Maler mit dem komischen Namen Leonardo da Vinci.
So und jetzt will ich mehr über diesen Maler wissen. Hat man ihn Leo genannt, so wie Dich? In welcher Zeit hat er gelebt? Hat er noch mehr lächelnde Leute gemalt?
Antworte mir, sonst kommst Du an den Marterpfahl, wenn ich wieder gesund bin! Schreib mir alles über ihn, Du weißt doch so viel! Ich habe allen versprochen, hier in meinem Frühlingsgarten viel zu lernen. Dieser Garten ist doch jetzt für die nächsten Wochen mein Klassenzimmer.

Viele liebe Grüße,

Deine Rosa

Rosa, mein Röschen,

was für ein Glück! Du hast Dir beide Beine gebrochen! Das heißt, Du lädst mich nicht zum Tanzen ein, sondern schreibst mir einen Brief. Und so ein Zufall! Du suchst nach einem der großen Geister der Weltgeschichte – dem Genie Leonardo da Vinci. Nein, soviel ich weiß, hat ihn niemand einfach Leo genannt. Manche sagten „Meister“ zu ihm.

Ich werde Dir von Leonardo da Vinci erzählen, dem Maler, der nicht nur ein Maler war. Aber zuerst mußt Du selbst etwas tun! Sieh Dich aufmerksam in Deinem Frühlingsgarten um! Nimm eine Blume in die Hand und betrachte die Schönheit, die Harmonie ihrer Blüte. Schau: Die Harmonie der Natur ist nicht zufällig, sie ist ein Gesetz des Lebens. Für Leonardo da Vinci war diese natürliche Harmonie immer sehr wichtig, und er versuchte, sie auch in seine Bilder hineinzubringen. Mit seinen Bildern wollte er den Menschen ihre Seele und die Schönheit jedes einzelnen in der großen Einheit der Welt zeigen. Diese Schönheit, die in jedem von uns schlummert, erweckte er zum Leben, indem er die Menschen auf seinen Bildern in ein sanftes Licht tauchte. Er gab ihnen Wärme, Kraft und Stolz.

Ich werde jetzt versuchen, Dir zu antworten.

Jeder Mensch ist in allen seinen Fähigkeiten begrenzt. Diese Begrenzung ist wie ein Zaun, der nicht durchbrochen werden kann – der aber von der Liebe und von der Kunst erweitert werden kann. Wenn Du Dich groß fühlst, wird die Liebe Dich noch größer machen, glaube mir. Lasse die Kunst in Dein Leben eintreten wie ein helles Licht, dann werden einige Deiner Ängste vergehen. Denn die Kunst macht ebenso wie die Liebe die Menschen reifer und stärker. Schau genau hin. Kannst Du nicht auch in manchen Bildern Haltungen, einen Blick, oder ein Lächeln finden, die Du von Dir selbst kennst? Leonardo hält Dir einen Spiegel vor, er zeigt Dir Dein eigenes Bild.

Ich will Dir Deine erste große Frage beantworten: Der Maler der *Mona Lisa* lebte zur Zeit der Renaissance. Das heißt soviel wie „Wiedergeburt“. Morgen schreibe ich Dir, was es mit der Renaissance auf sich hatte.

Dir auch viele liebe Grüße, mein armer Quälgeist mit den gebrochenen Beinen.

Dein Onkel Leo

PS: (Das heißt „Postskriptum“ und jeder richtige Brief hat so einen Nachsatz.)
Ich schenke Dir einen Satz von Meister Leonardo. Man könnte denken, er sei extra für diesen Brief geschrieben: *Der Maler ist ein Beobachter der Natur. Da ist die Natur außerhalb von uns mit ihren Steinen, Pflanzen und Tieren, und da ist eine verborgenere Natur, jene des Menschen.*

Rosa, mein Windröschen,

heute bist Du mein Windröschen, denn der Wind, der rastlos von einem Ort zum anderen zieht, ist ein glücklicher Geselle; glücklicher als Du, die mit ihren Gipsbeinen kaum vom Fleck kommt. Zwar kannst Du Dich schlecht bewegen, aber dafür kannst Du träumen. Ich weiß nicht, ob der Wind auch träumen kann.

Mein Windröschen, wärst Du der Wind, dann könntest Du umherflattern und die schönsten Schlösser, Kirchen und Stadtanlagen aus der Zeit der Renaissance besichtigen: die prächtigen Schlösser an der Weser, das Nürnberger Pellerhaus, die Residenz und St.-Michael-Kirche in München, das Heidelberger Schloß, Freudenstadt im Schwarzwald; aber auch die Bürgerhäuser von Antwerpen oder Brügge, und schließlich die wunderschönen Schlösser an der Loire in Frankreich. Und dann auf nach Italien, über Urbino schließlich bis nach Florenz! Ach ja, Florenz!

Die Renaissance begann um das Jahr 1400, also zu einer Zeit, als das Christentum noch weiter verbreitet war als heute. Nach tausend Entdeckungen, tausend Erfindungen und tausend Träumen ging die Renaissance-Epoche ungefähr zweihundert Jahre später zu Ende.

Zu Anfang des 15. Jahrhunderts begannen die Menschen also, die Welt zu erforschen und zu verstehen. Und so wurde das finstere Mittelalter vom hellen Licht der Renaissance, der „Wiedergeburt des Menschen" verdrängt. Die Menschen damals wollten ein Stückchen von der Macht erlangen, die zuvor Gott allein vorbehalten war, nämlich die Herrschaft über ihre Welt. Sie erklärten den Menschen und seine Vernunft zum Mittelpunkt der Weltordnung. Ich glaube, man kann sagen, daß die Menschen jener Zeit ein nie dagewesenes Selbstbewußtsein entwickelten, obwohl sie natürlich weiterhin am Glauben an Gott den Schöpfer festhielten. Wenn Du so willst, traten sie ihm, der bis dahin ohne Einschränkung das Denken der Menschen bestimmt hatte, kühner und ungehorsamer entgegen.

Renaissancehaus in Brügge, Belgien.

Das im 16. Jahrhundert erbaute Chateau d'Azay-le-Rideau ist eines der schönsten Schlösser der französischen Renaissance an der Loire.

Sie waren neue, von der Last vieler Vorurteile befreite Menschen – eben „Wiedergeborene“. Damals wurde die Natur zur Quelle aller Erkenntnisse: Sowohl Künstler als auch Baumeister, Wissenschaftler und Philosophen beobachteten die Natur und lernten von ihr. Das war der Beginn der Naturwissenschaft: Man forschte, experimentierte und untersuchte die Wirklichkeit.

Daß die Menschen eine neue Vorstellung von der Welt entwickelten, und daß all dies zuerst in Italien geschah, war kein Zufall. Du mußt wissen, mein Windröschen, daß in der relativ friedlichen Zeit nach 1454 in Norditalien Handel und Handwerk aufblühten. In den größeren Städten, in denen bald Wohlstand herrschte, besannen sich die Menschen auf die Kultur der Antike. Diese „Humanisten“ entdeckten die lateinische und griechische Sprache neu, lasen die Bücher der griechischen Philosophen und gaben dem gesamten Leben und Denken ihrer Zeit eine neue Richtung.

Portugiesische Karavelle Ende des 15. Jahrhunderts.

Ponte Vecchio in Florenz, eine der wenigen mit Häusern bebauten Brücken in Europa, die noch erhalten sind.

„Man kann die Welt verbessern", war das Leitwort der Menschen in der Renaissance. Und obwohl die Pest noch immer wütete, obwohl es Kriege und Hungersnöte gab, verschönerten die Menschen ihre Welt. Aber sie erweiterten ihre Welt auch, sie zogen hinaus, um mit anderen Völkern in Verbindung zu treten. Es war die Zeit der großen Entdecker, die mit ihren Schiffen um die Welt segelten. In der Blütezeit der Renaissance, im Jahr 1492, entdeckte Christoph Kolumbus Amerika, als er in westlicher Richtung den Weg nach Indien suchte.

Große Kunstwerke, wie Bauwerke, Skulpturen, Gemälde und Zeichnungen, die erhalten geblieben sind, erzählen uns noch heute von der Renaissance. Sehr oft können wir an diesen Werken erkennen, daß sich die Künstler der Renaissance die Werke der Antike, und zwar besonders der griechischen Antike, zum Vorbild nahmen. Wie die Griechen erforschten sie die Natur und entwickelten aus den Beobachtungen Theorien, von denen sie sich in ihrer Arbeit leiten ließen.

Die Hauptstadt der Schönheit, des Erfindungsgeistes und der Träume um das Jahr 1450 hieß Florenz. Florenz, das war die Stadt des Fürsten Lorenzo de' Medici (genannt „der Prächtige"), eine Stadt, in der viele Maler, Bildhauer und Baumeister arbeiteten – und es war die Stadt, in der Leonardo da Vinci seine erste Ausbildung erhielt.

Palazzo Medici im Herzen von Florenz, erbaut 1444. Mit seiner prächtigen, aber strengen Fassade ein typisches Gebäude der Renaissance.

Leonardo da Vinci war ein typischer Vertreter seiner Zeit; ein Wissenschaftler, der sogar von einer wissenschaftlichen Kunst träumte, die wie die Mathematik nach festen Regeln ausgeführt werden sollte. Sein Leben wurde durch das neue Denken und die neue Stellung des Menschen in der Welt bestimmt. Die Wissenschaft und der Wohlstand hatte dem Menschen mehr Macht über die Natur verschafft, das wußte er. So hatten die Menschn neue Beziehungen zu Gott entwickelt, auch das wußte er. Aber auch neue Beziehungen zwischen den einfachen Menschen und den Mächtigen waren entstanden – das wußte er am besten.

In dieser neuen Welt der Renaissance, in der alle Berufe bestimmten Berufsgruppen – den sogenannten Gilden – zugeordnet waren, war Leonardo da Vinci von Kopf bis Fuß ein Künstler, aber außerdem... außerdem war er... jetzt habe ich es vergessen!

Aber ich kann Dir noch erzählen, daß Leonardo am 15. April 1452 nahe Florenz in einem Dorf namens Vinci geboren wurde – daher sein Name „Leonhard aus Vinci". Er war der Sohn des Notars Ser Piero und der Bäuerin Catarina.

Als Leonardo geboren wurde, hatte ein gewisser Johannes Gensfleisch aus Mainz, besser bekannt unter dem Namen Gutenberg, soeben eine der wichtigsten Erfindungen in der Geschichte der Menschheit gemacht: Er hatte den Buchdruck erfunden, der so außerordentlich wichtig für das gesamte Abendland werden sollte. Denn plötzlich konnten Schriftstücke tausendfach vervielfältigt und in kurzer Zeit in die ganze Welt hinaus verbreitet werden.

Rosa, mein Röschen, guten Wind!

Dein Onkel Leo

PS: Damit Dir Deine Neugier erhalten bleibt, sagt Dir Leonardo da Vinci heute: *Gute Menschen haben natürlicherweise den Wunsch nach Wissen.*

Der Innenhof des Palazzo Medici.

Blick auf Florenz.

Mein lieber Onkel,
Mein lieber Onkel,

nein, ich stottere nicht. Ich schreibe zweimal „Mein lieber Onkel", weil Du mir zwei Briefe geschickt hast. Zwei Briefe – also: Danke, danke.
Du schreibst, Leonardo war einer der großen Geister der Weltgeschichte. Und ich habe geglaubt, Geister gäbe es nur in den Märchen aus Tausendundeiner Nacht oder in Spukschlössern!
Wo Du nun schon damit angefangen hast, von Geistern und Genies zu reden, so sag mir aber auch, ob dieses Genie auch 'mal ein Kind gewesen ist! Sag: War Leolein-Babylein ein Kind in dieser merkwürdigen Renaissance-Zeit?
Ich gebe Dir einen Kuß auf jede Wange, das macht dann insgesamt vier.

Deine Rosa

***Toskanische Landschaft*, 1473**
Erste datierte Zeichnung, die von Leonardo erhalten ist. Sie zeigt das Arnotal, die Landschaft seiner Kindheit.

Vinci, das Dorf in dem Leonardo zur Welt kam.

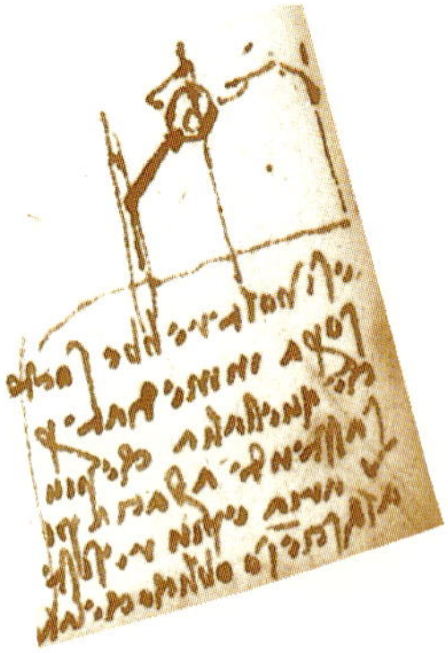

RosaRosa,

Du säst ja wilde Worte in Deinem Frühlingsgarten. Dein letztes Briefchen ist ein richtiger Buchstabenstrauß! Komm, wir stellen uns heute vor, daß wir unter Deinem Fliederbusch liegen und ich Dir etwas erzähle. Hör zu!

Leonardo war natürlich auch einmal ein Kind! Er war sogar ein Baby! Ich glaube, Du zweifelst ein bißchen daran. Er kam im Frühling zur Welt. Ich habe Dir seinen Geburtstag schon in Zahlen aufgeschrieben. Jetzt schreibe ich ihn in Worten: Leonardo wurde am Samstag, den fünfzehnten April vierzehnhundertzweiundfünfzig geboren. In Vinci, einem winzigen Dörfchen nicht weit von Florenz. Seine Mutter, Catarina, war zweiundzwanzig Jahre alt und sein Vater, Ser Piero, sechsundzwanzig. Leonardo war ein uneheliches Kind. Das heißt, sein Vater und seine Mutter waren nicht verheiratet.

In jenem Jahr ging sein Vater nach Florenz und heiratete auf Wunsch seines Vaters eine junge, wohlhabende Bürgerstochter. Sie war damals sechzehn Jahre alt. Einige Monate später heiratete Leonardos Mutter Catarina einen armen Mann aus der Gegend von Vinci. Seine Mutter mit jemandem teilen zu müssen, ist für ein Baby besonders schwer, schließlich will es sie ja für sich allein haben. Ja, es ist schon ein recht komplizierter Lebensanfang: Mit dem Vater, der eine andere Frau heiratet, auf der einen Seite und der Mutter, die einen anderen Mann heiratet, auf der anderen!

Leonardo hat bis zu seinem Tod darunter gelitten, daß er ein uneheliches Kind war. Er wuchs in Vinci auf. Als Baby lebte er bei seiner Mutter, aber nur solange er gestillt wurde. Danach wohnte er bei der Familie seines Vaters. In der rauhen, aber zugleich auch sanften Hügellandschaft von Vinci sog Leonardo den Duft der Jahreszeiten ein. Er sprach mit den Wolken und sang vor sich hin. Er beobachtete den Flug der Vögel und erinnerte sich dabei an seine allerfrüheste Kindheit: Als er noch in der Wiege gelegen hatte, war eines Tages ein Vogel herbeigeflogen, und hatte mit seinem Schwanz dem Baby den Mund geöffnet. Sein ganzes Leben lang liebte er die Vögel, studierte sie und versuchte, das Geheimnis ihres leichten Fluges zu entschlüsseln. Viele Jahre später, als er schon ein berühmter Maler war, soll er einmal zum Vogelmarkt gegangen sein und einen Käfig voller Vögel gekauft haben. Sobald er jedoch bezahlt hatte, soll er den Käfig geöffnet und den eingesperrten Vögeln ihre Freiheit wiedergegeben haben.

Wäre Leonardo da Vinci kein uneheliches Kind gewesen, wäre er vielleicht auch kein Maler geworden. So ein Kind konnte früher nicht jeden beliebigen Beruf erlernen. Die Gilde der Richter und Notare, der auch Leonardos Vater, Ser Piero, angehörte, verbot unehelichen Kindern zum Beispiel den Zugang zu ihrem Beruf. Leonardo konnte sich also nicht frei aussuchen, was er lernen wollte. Deshalb wurde er Maler.

Ser Piero hatte einem großen Maler und Bildhauer aus Florenz, Andrea del Verrocchio, ein paar Zeichnungen seines Sohnes gezeigt. Der war, so sagt man, gleich begeistert. So fing alles an. Mit vierzehn Jahren wurde Leonardo also Schüler bei dem großen Meister Verrocchio in Florenz. Alle Werkzeuge, die der Meister und seine Schüler für ihre Kunst gebrauchten, regten Leonardos Sinne an. Vom Anfang seiner Lehrzeit an studierte er alles, was ihm neu war, und überlegte dabei sofort, wie es besser zu machen wäre.

Übrigens: Das Jahrhundert, in dem Leonardo geboren wurde, das 15. Jahrhundert, wird in Italien das „Quattrocento" genannt. Ist das nicht ein hübsches Wort? Wenn Deine Beine wieder gesund sind, kannst Du es zum Seilspringen singen, oder beim Hopsespielen damit in den Himmel hüpfen:

Quattrocento
Toll?
Trocentoqua
Quark?
Centoquattro
Wo?
Toquattrocen
Wen?

Quattrocento!
Quattrocento!

Rosa, meine kleine Gärtnerin, ich umarme Dich wie einen Armvoll Flieder.

Dein Onkel Leo

PS: Der junge Leonardo war sicher kein einfacher Schüler für Meister Verrochio. Alles wollte er erforschen und kennenlernen! Aber glaubst Du nicht auch, daß er recht hat, wenn er sagt: *Die Natur ist erfüllt von einem unendlichen Reichtum an Ideen, die nie in Erfahrung gebracht worden sind*?

Federzeichnungen aus einer Schrift Leonardo da Vincis über den Flug der Vögel.

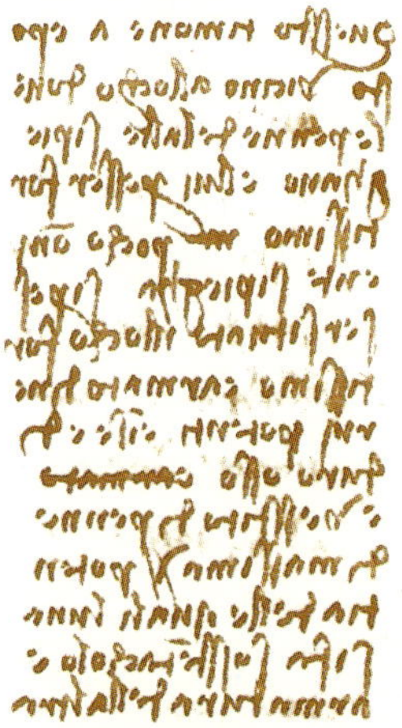

Lieber Onkel Leo,

ich bin noch im Garten. Der Nachmittag ist vorüber. Der warme Wind ist verflogen, und auch das Tageslicht ist fast ganz verschwunden. Wohin? Sicher auf die andere Seite der Erdkugel, um nachzusehen, ob die Blumen und Menschen da unten auf dem Kopf stehen. Merkst Du? Ich fange an zu träumen. Deine Briefe jeden Morgen bringen Licht in meine Träume.
Ich träume mit offenen Ohren, mit offenem Mund, mit offener Nase, mit offenen Händen und mit weit offenen Augen.

Ich trau' mich zu träumen
Ich traue mich
Ich träume mich

Weißt Du, wenn Deine Briefe hier ankommen, färben sie den Himmel blau.

Ich meine, sie putzen den Himmel heraus. Gestern nacht habe ich geträumt, daß unser Leonardo jeden Tag aufs neue das blaueste Blau des Himmels finden und sich darin spiegeln mußte. Das blaueste Blau des Himmels ist so groß und so leicht, daß ich manchmal Angst habe, es könnte wegfliegen.
Ich rede. Ich rede mit mir. Ich rede mit Dir. Ist das Traum oder Wirklichkeit? Malte Leonardo denn wirklich? Und ... Uff! War er auch ein Meister? Sag, wie heißt Leonardos erstes Bild? Ist eine Schwester der *Mona Lisa* darauf? Oder Florenz? Oder ... was?

Aus dem Blau meiner Träume schöne Grüße!

Rosa

Verrocchio, *David*, um 1473
Es wird vermutet, daß Leonardo für diese Bronzeplastik Modell gestanden hat.

Rosa, meine kleine Gärtnerin
mit ihren dahinsegelnden Träumen,

ich weiß überhaupt nicht, ob ich alles weiß – ich, der Dichter, der Deiner Meinung nach allwissend ist. Aber ich habe doch immerhin so viel in meinem Kopf, daß ich Dir etwas von einem anderen Dichter zitieren kann, den ich sehr mag:

Bei Leonardo, Spiegel tiefer Dunkelheiten,
Ein Land von Gletschern und von Pinien umgeben,
Wo anmutsvolle Engel durch die Schatten gleiten,
Süße Geheimnisse in ihrem Lächeln schweben.

Diese Zeilen des Franzosen Charles Baudelaire sollen ein Geschenk für Dich sein. Laß sie Dir auf der Zunge zergehen wie ein Bonbon, damit Du sie besser kennenlernst. Ich schenke sie Dir, weil darin von Engeln die Rede ist, und Leonardos erste bekannte Arbeit als Maler eben ein Engel ist. Diesen Engel ohne Flügel malte er in dem berühmten Bild *Die Taufe Christi*, das in Verrocchios Werkstatt entstand.

Hinter seinem Engel, den er ohne Flügel, aber mit Heiligenschein gemalt hat, liegt ein von Felsen und Steilhängen umgebenes Land. So braucht man nicht viel Phantasie, um sich vorzustellen, daß diese

Links der von Leonardo gemalte Engel in Verrocchios *Taufe Christi*.

Landschaft vorn von Pinien begrenzt sein könnte – wie Baudelaire schreibt – und der unendliche Himmel im Hintergrund sich vielleicht auf einen Gletscher herabsenkt.

Dieser Engel, der der Taufe von Jesus Christus zusieht, hat schon jenes sanfte Lächeln, das später typisch für die Gesichter Leonardos werden sollte. Auch etwas Geheimnisvolles hat er schon an sich, denn er zeigt uns nicht viel mehr als seinen Rücken. Sieh Dir nur das schöne Gesicht an, das viel himmlischer und zärtlicher ist, als das jungenhafte Gesicht des Engels daneben! Leonardo war zwanzig Jahre alt, als er diesen Engel malte.

Als Leonardo zu Verrocchio kam, war er erst einmal Lehrling. Dann wurde er Gehilfe und schließlich selbst Meister. Der Weg war lang. Alle, die in der Werkstatt arbeiteten, hörten auf den Meister und respektierten ihn. Sie lebten dort mit ihm und seiner Familie. Bevor sie selbst Meister im Umgang mit den Formen und Farben wurden – wir würden sie heute Künstler nennen – mußten sie als Schüler und Gehilfen Pinsel auswaschen, Werkzeug reinigen, einkaufen, heizen, Firnis und Leim kochen, Farben zerreiben und aus Linden- oder Weidenholz Bildergestelle bauen. In dieser Zeit malten sie unermüdlich und ahmten ihren Meister nach. Sie arbeiteten in der Gruppe zusammen. Verrocchios Werkstatt, in der so große Künstler wie Perugino, Lorenzo di Credi und sogar Botticelli malten, war ein Ort, wo neue Talente und Ideen aufeinandertrafen. Hier lernten die Schüler, kritisch zu denken, und hier durften sie auch selber experimentieren. Hier glaubte man an den Fortschritt. Bei Verrocchio entstand Neues, und Altes wurde neu entdeckt.

Verrocchio, *Taufe Christi*, 1472-1475

Als Leonardo mit 14 Jahren seine Lehrzeit begann, konnte er lesen, schreiben und rechnen. Das war nicht besonders viel. Verrocchios Werkstatt wurde seine Schule, ebenso die Stadt Florenz. Hier entwickelte er sich zum Kenner der Zeichenkunst, der Malerei, der Landvermessung, der Architektur, der Goldschmiedekunst, der Metallverarbeitung, der Mechanik – und das war noch nicht alles! Schon nach sechs Jahren Lehrzeit war er seinem Lehrer und Meister ebenbürtig und sogar überlegen. Zusammen mit ihm hatte er eine Metallkugel von sechs Metern Durchmesser und fast zwei Tonnen Gewicht angefertigt. Sie hatten sie

107 Meter hochgehievt, wo sie den krönenden Abschluß des Domes Santa Maria del Fiore in Florenz bildete.

Diesen Dom, der unter Beteiligung des großen Renaissance-Architekten Filippo Brunelleschi erbaut wurde, mußt Du Dir unbedingt auf einem Photo ansehen, meine Rosa-Maria-del-Fiore. Dann kannst Du erahnen, was Florenz einmal war und teilweise noch ist: Die Stadt der prächtigen Bauwerke, die stolz in den Himmel ragen, der schönen Wohnhäuser mit großzügigen Innenhöfen, die Stadt der vielen Werkstätten, in denen mit Holz, Marmor und Metall gearbeitet wurde; die Stadt der Blumen und des Schmucks, die Stadt am Arno, der ruhig glitzernd unter der Ponte Vecchio hindurchfloß, oder aber gefährlich reißend über seine Ufer trat. Florenz... Florenz...

In den Straßen dieser Stadt schulte Leonardo sein Auge. Klare Linien, helle Räume, die strenge Eleganz der Steine und schöne symmetrische Formen bestimmten das Bild. Florenz mit seinen mehr als hunderttausend Einwohnern beherrschte die Region, die Toskana. Hier war der Sitz der Fürsten Medici, die viele Maler, Bildhauer und Architekten in die Stadt holten und sie an der weiteren Verschönerung arbeiten ließen.

So war Florenz ein idealer Ort für den wißbegierigen Leonardo. In der Werkstatt seines Meisters lernte er bedeutende Künstler, Gelehrte und Politiker seiner Zeit kennen, unter anderem auch den Fürsten Lorenzo de' Medici selbst, der ihn später oft unterstützen sollte. So wußte Leonardo schon sehr bald alles, was man über seine Kunst wissen mußte. Er beherrschte das Malen mit Temperafarbe, war aber genauso mit der Ölmalerei vertraut, die in Flandern entwickelt worden war. Diese Technik verlieh den Farben mehr Leuchtkraft und Glanz und erlaubte ihm eine sorgfältigere Farbabstufung.

Später sagte er: *Der Maler streitet und eifert mit der Natur um die Wette*, aber schon jetzt wußte er: Er konnte in seinen Bildern die Menschen, Tiere und Pflanzen so zum Leben erwecken, wie die Natur es in der Wirklichkeit vermochte.

Leonardo war jetzt zwanzig Jahre alt, er sang gerne und war manchmal sehr verspielt. Er liebte schöne Stoffe aus Leinen oder Seide, kleidete sich in Rosa, trug gern Schmuck. Und er war schon jetzt ein großer Maler.

So könnte Leonardo ausgesehen haben. Anonyme Zeichnung, um 1800.

Der Dom Santa Maria del Fiore in Florenz.

Rosa, mein Engel ohne Flügel, aber mit Gipsbeinen, sei gegrüßt von

Deinem Onkel Leo

PS 1: Am Anfang meines Briefes habe ich Baudelaire zitiert. Leonardo sagte: *Wer unter Anführung namhafter Schriftsteller diskutiert, der gebraucht nicht so sehr den Verstand als vielmehr das Gedächtnis.*

PS 2: Verrocchio war ein großer Künstler, der von Leonardo sehr verehrt wurde. Trotzdem vermerkte Leonardo in seinem Notizbuch: *Kläglich ist der Schüler, der seinen Meister nicht übertrifft.*

Rosa, meine Rosenblüte,

ich nenne Dich Rosenblüte, weil Du in meinen Gedanken heute morgen mit allen Düften Deines Gartens umgeben bist. Duftend wie Florenz, die Stadt der Blumen, deren Wahrzeichen eine offene Lilie ist.

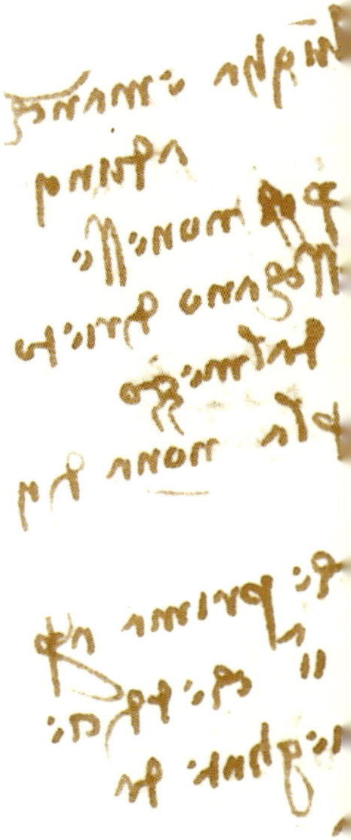

Stell Dir vor: Ich war letzte Nacht in Florenz! Im Traum allerdings. Und ich war mit Leonardo zusammen! Wir sind uns in der Kirche San Lorenzo begegnet. Leonardo war schön; mit seinen langen Haaren machte er einen etwas leichtfertigen Eindruck, aber seine Worte waren ernst. Ich habe gesehen, daß er mit der linken Hand schrieb. Er schrieb in Spiegelschrift, der Querkopf! Durch diese Schrift begann ich, in einen anderen Traum hineinzuträumen. Ich träumte von Spiegeln, die die Zeit verschlingen – jene Zeit, die nicht aufhört, zu verstreichen, zu vergehen. Mit der Zeit, die vergeht, geht auch unser Wissen über die Vergangenheit dahin – das Wissen über Leonardo und viele andere. Die Zeit hat die Kunstwerke abgenutzt oder zerstört...

Leonardo sprach leise mit mir, während wir durch die Straßen gingen. Da sahen wir auf einmal Ölzweige aus den Fenstern hängen. Die Glocken sämtlicher Kirchen begannen zu läuten. Trompetenmusik flog durch die Luft. Auf dem Marktplatz begannen Spiele. Pferde galoppierten, Kutschen erstrahlten in Girlandenschmuck, und die bunten Fahnen der Adelsfamilien flatterten im Wind. Was für ein Leben war in dieser Stadt!

Nach dem Fest zeigte mir Leonardo in seinem Haus seine ersten Bilder. Junge Gehilfen umringten ihn. Ein paar seiner Freunde – Philosophen, Ärzte und Mathematiker – waren auch dort. Er zeigte uns allen seine *Verkündigung*, seine *Madonna mit der Nelke* und auch das wunderbare Porträt der *Ginevra Benci.*

Ich lauschte seinen Worten. Ich war verzaubert von so viel Schönheit. Auf jedem einzelnen dieser Ölgemälde konnte ich erkennen, wie weich Leonardos Pinselstrich war: so weich, daß man meinen konnte, sein Pinsel wäre aus einer Haarlocke gemacht. Im Traum ist es manchmal leichter als in Wirklichkeit, etwas zu verstehen. So wurde mir klar, daß es Leonardo niemals genügte, einfach nur das im Bild wiederzugeben, was er mit den Augen sah, selbst dann nicht, wenn die Wiedergabe meisterhaft war. Nein, er wollte die Seele malen! Nur ein seelenvolles Bild kann uns wirklich fesseln und bewegen.

Madonna mit der Nelke, **1478-1480**

Rosa, mein Röschen, folgendes ist mir vor den Bildern des jungen Leonardo in den Sinn gekommen: Schau Dir zunächst die *Madonna mit der Nelke* an. Du findest auf diesem Bild schon viele Ähnlichkeiten zu der *Anna Selbdritt* und der *Mona Lisa*: Die Jungfrau Maria ist auf diesem Bild keine Heilige, sondern eine einfache Frau wie jede andere. Sie spielt mit ihrem Kind, das sie mit großer Liebe ansieht. Behutsam, fast zärtlich malt Leonardo diese Szene tiefen Friedens und großer Harmonie.

Und nun sieh Dir die schöne *Ginevra Benci* an: Ein Meisterwerk! Leonardos ganze Kunst ist schon darin enthalten – obwohl es sein erstes Portrait ist. Schau, das Licht hat etwas Geheimnisvolles. Es liegt ein goldenes Leuchten über dem ganzen Bild. Im Hintergrund erkennen wir eine Landschaft; sie könnte eine Erinnerung aus Leonardos Kindheit sein, das Flußtal des Arno.

***Bildnis der Ginevra Benci*, 1474-1476**

Verkündigung, **1472-1475**
Der Erzengel Gabriel erscheint vor Maria und verkündigt ihr, daß sie die Mutter des Sohnes Gottes werden soll.

Ginevra ist schön. Ob sie etwas sagen will? Wir Außenstehenden sehen nur ihr undurchdringliches Gesicht und ahnen eine Quelle in ihr, eine Quelle des Lebens und der Liebe.

Leonardo hatte einen aufmerksamen Blick, er beobachtete stets mehr und genauer als andere. Deshalb konnte er so naturgetreu malen. Allerdings kopierte er die Natur nicht einfach, sondern erschuf neue Räume und Landschaften, die so natürlich aussehen, als wären die Menschen, Bäume, Büsche, ja die Berge und das Meer lebendig. Es scheinen Wärme und Kraft in ihnen zu ruhen. Kannst Du in der *Verkündigung* erkennen, was ich meine? Sieh Dir an, wie meisterhaft Leonardo die Personen und die tief ins Bild hineinreichende Landschaft in ein warmes, goldenes Licht getaucht hat. Dieses Licht verbindet alles, dieses Licht ist die Kraft und die Schönheit.

Es war schön, gestern nacht von Florenz zu träumen, für Dich zu träumen. Wie wohl in jedem Künstler, dem ich dort begegnet bin – Donatello, Uccello, Verrocchio, Botticelli, Raffael und Michelangelo – hat Florenz auch in mir seine Spuren hinterlassen.

Rosa, meine Rosenblüte, lerne von Leonardo, daß Liebe auch in Bildern ausgedrückt werden kann.

Dein Onkel Leo

PS: Ich, der große Träumer von gestern nacht, habe ein kleines Rätsel von Leonardo für Dich: *Wonach sehnen sich die Menschen, und wenn sie es haben, erkennen sie es nicht?* Antwort: *Nach dem Schlaf.*

Gewandstudie. Leonardo fertigte äußerst genaue Vorzeichnungen für seine Gemälde an.

Lieber Onkel Leopold,

Du hast in Deinem letzten Brief von Deinem Traum erzählt, als wärst Du extra aufgewacht, um Dich im Traum selbst anzusehen. Das Beste ist: Du erzählst mir etwas, Du schreibst mir etwas, und schon träume ich auch davon. Ich träume von Dir und Leonardo. Zwei Leos in Florenz! Und was nun? Bleiben wir in Florenz? Oder fahren wir nach Venedig, Padua, Bologna, Verona, Ravenna, Ferrara oder Mailand? Ich kenne diese ganzen Städte nicht, aber wenn ich den Reiseführer aufschlage, beginnt er zu erzählen, und diese Städtenamen springen mir ins Auge. In der Toskana, nach der Hälfte des Buches, stieß ich auf den Herrn Collodi, der eine Puppe namens Pinocchio zum Leben erweckt hat. Aber das war ein Kapitel aus einer anderen Zeit.

Also:
Verreisen wir nun oder verreisen wir nicht?
Schreibst Du mir alles?
Oder schreibst Du mir nichts?
Such mir Wörter, die soviel erzählen
wie ein dickes Buch,
Wörter, die mich erfrischen wie
Sommerregen.

Ich sage tschüß, bevor ich ein Bonbon esse.

Rosa

PS: Ich rede nicht mit vollem Mund, und ich schreibe nicht mit vollem Mund. Das ist ein Satz von mir – und nicht von Leonardo.

Meine rosarote Prosa-Rosa,

gut, wie Du willst: Wir verreisen. Leonardo hat ja Florenz auch verlassen. Mit dreißig Jahren, also 1482, ging er nach Mailand. Während Florenz aus klaren Linien bestand, die schöne Blickwinkel boten, waren Mailands Formen ein einziger Wirrwarr. Dort ging es drunter und drüber, ein richtiges Kuddelmuddel! Die Stadt war schon damals ein Ort der Geselligkeit, des Handels und der Macht, aber auch der Wissenschaft und der Kunst. Leonardo siedelte nach Mailand über, um in die Dienste des dortigen Herzogs zu treten – und blieb siebzehn Jahre lang da.

1483 malte er seine *Madonna in der Felsengrotte.* Es war ein Auftragswerk einer religiösen Gemeinschaft. Damals waren alle Kunstwerke Auftragswerke. In dem Vertrag, den der Künstler unterzeichnete, war alles vorgeschrieben: die Größe des Bildes, das Motiv, die Anzahl der Figuren sowie ihre Anordnung auf dem Bild und sogar die Farben! Leonardo wußte, als er mit seiner Arbeit begann, daß er die Vorgaben seines Vertrages nicht einhalten würde. Er malte, wie es ihm gefiel, und machte, was er wollte. Er war nicht einfach irgendein Malermeister, er war sein eigener Meister, sein eigener Herr!

Das fertige Bild unterschied sich so sehr von dem geplanten, daß seine Auftraggeber einen Gerichtsprozeß gegen ihn begannen, der zwanzig Jahre lang dauern sollte. Das Bild aber überraschte die Mailänder durch seine Schönheit, seinen Zauber und seine Neuartigkeit.

Madonna in der Felsengrotte **(Ausschnitt)**

Leonardo malte die Madonna auf diesem Gemälde vor einer Höhle. Sie ist von einem Engel und zwei Kindern umgeben, Jesus und Johannes. Doch das Wichtigste auf dem Bild war für Leonardo das Licht. Die *Madonna in der Felsengrotte* ist im Helldunkel von Licht und Schatten gemalt.

Paß auf: Eins, zwei, drei – und schon bist Du im Theater. Achte auf das Licht. Es schafft eine räumliche Wirkung und hat eine richtige Ähnlichkeit mit den Bühnenbildern der heutigen Zeit. Die Natur und die Figuren vor dieser Grotte bilden eine große, friedliche Einheit, weil sie alle in dasselbe warme goldene Licht getaucht sind. Das haben wir schon bei der *Verkündigung* gesehen, nicht wahr?

Und doch hat es mit dem Licht eine besondere Bewandnis: Zwar stimmt es, daß auf diesem Bild kein Gesicht, keine Person, kein Teil des Raumes nur im Schatten oder nur im Licht liegt. Aber sieh einmal genau hin – kannst Du sagen, woher das Licht eigentlich kommt? Steht die Sonne hinter der Felsengrotte und beleuchtet die Szene durch die Öffnung im Hintergrund? Oder kommt es eher von vorne und scheint den Personen um Maria direkt ins Gesicht? Nun, hier zeigt sich, wie frei Leonardo sich von der reinen Naturbeobachtung machen konnte: Er ließ die natürliche Sonne von hinten hereinscheinen – und erfand für die Personen eine zweite Lichtquelle, die sie von vorne beleuchtet! Der große Regisseur Leonardo verlieh der Gruppe dadurch eine besondere Bedeutung und schuf zugleich weiche, ja fließende Übergänge zwischen Licht und Schatten. So stellte er jene große Harmonie zwischen den Menschen und der Natur her, von der ich Dir schon erzählt habe.

Madonna in der Felsengrotte, **1483-1486**
Diese Szene stellt die Begegnung des Christuskindes mit Johannes dem Täufer dar. In der Mitte hält Maria ihre schützende Hand über Jesus, der rechts bei einem Engel sitzt und den kleinen Johannes segnet.

Genau genommen war Leonardos Technik, die Natur und Menschen in das gleiche, weiche Licht zu tauchen, Ketzerei, also Gotteslästerung. Denn in dieser neuen Einheit zwischen Mensch und Natur büßt Gott etwas von seiner Macht ein. Betrachte das Bild so genau es geht! Die dunkle Höhle im Hintergrund könnte wie der Anfang eines ewigen Tunnels oder einer ewigen Angst erscheinen. Aber das Licht gibt Geborgenheit. Daran können wir erkennen: Der Mensch der Renaissance erforscht die Natur; er hat gelernt, sie zu verstehen und kann seine Angst vor ihr überwinden.

Ja, wir sind tatsächlich im Theater. Die ganze Szene ist von Leonardo eingerichtet. Das Licht, der Raum, die Figuren, ihre Haltungen, die uns soviel erzählen, als würden die Personen selber sprechen, die Stoffe ihrer Kleider und ihre Farben ...

Sieh Dir nur einmal den Ärmel des Engels mit rotem Umhang an: Man kann wirklich durch den hauchdünnen Stoff hindurchsehen und seinen Arm erkennen! Die Transparenz der Farben ist hier so meisterhaft gelungen, weil Leonardo viele dünne Ölfarbschichten übereinanderlegte.

Das Gesicht der Maria ist außerordentlich sanft und schön. Ebenso sind die Kinder so weich und körperhaft dargestellt, daß man meint, die zarte Haut fühlen zu können. Diese Wirkung erzielte Leonardo durch allerfeinste Abstufungen von hellen zu dunklen Farbtönen. Mit dieser Technik, die man „sfumato" nennt, kommt er ganz ohne Umrißlinien um seine Figuren aus und gibt ihnen dadurch ein noch natürlicheres Aussehen.

Madonna in der Felsengrotte (Ausschnitte)

Damit ging er natürlich weit über seinen Auftrag hinaus: Wo er nur die einfache, schon so oft vor ihm von anderen gemalte Begegnung von Jesus und Johannes darstellen sollte, hat Leonardo ein Kunstwerk von großer Bedeutung geschaffen.

Ich liebe diese Madonna vor der Grotte. Ich liebe sie wie jemanden, den man berühren und umarmen möchte. Ich sehe sie an und überlege, daß Leonardo beim Malen vielleicht glaubte, die Menschen könnten auf Erden über eine grenzenlose Macht verfügen, wenn mehr Liebe unter ihnen herrschte. Und vielleicht glaubte Leonardo auch, die Malerei und die Kunst könnten den Menschen mehr Liebe bringen.

Rosa, der Tag ist schön. Sei schön an diesem Tag!

Dein Onkel Leo

PS: Die Kunst ist niemals naiv. Sie entsteht nicht zufällig. Laß Dir den folgenden Satz von Leonardo durch den Kopf gehen: *Der Maler, der mit Übung und Augenmaß, aber ohne Verstand malt, ist wie der Spiegel, der alle Dinge gegenüber wiedergibt, ohne sie zu kennen.*

Mein lieber Onkel,

ich habe Deinen letzten Brief geöffnet. Ich habe ihn gelesen. Ich habe ihn wieder gelesen. Dann habe ich ihn laut gelesen, um den ganzen Garten mit dem Licht, das Du beschreibst, auszufüllen!
Schreib mir mehr über die Kunst! Schreib mir ein ganzes Festessen über Malerei – mit Vorspeise, Hauptgericht und Nachtisch! Überhaupt, ich will nur noch Briefe mit Nachtisch.
Und verrate mir alles über Leonardo! War er eigentlich verheiratet? Was tat er, wenn er nicht malte? Ich, zum Beispiel, mache immer etwas – auch, wenn ich nichts tue. Ich führe Selbstgespräche, höre dem Duft der Blumen zu oder atme das Aroma der Geräusche ein.

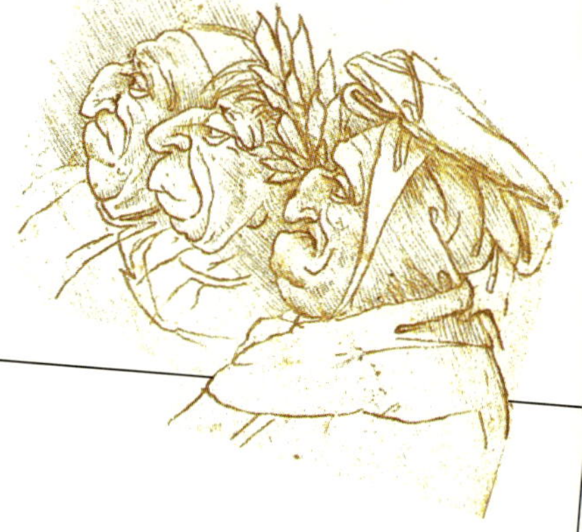

Ich habe wohl auch nur fünf Sinne, aber ich finde, daß fünf Sinne für mich nicht reichen. Also mische ich sie und verteile sie neu.
Der Flieder im Garten rostet.
Der Regen gestern fiel rosig.
Heute morgen ist da eine ganz neue Narzisse. (Neue oder junge?)
Sie ist schon stolz, aber noch zart.
Ich möchte sie Dir gern schenken.
Ich möchte sie auch Leonardo schenken.
Ich möchte immer, was unmöglich ist.

Immer Deine unmögliche Rosa

PS: Kennst Du nicht ein Buch, das zu Leonardos Zeiten spielt?

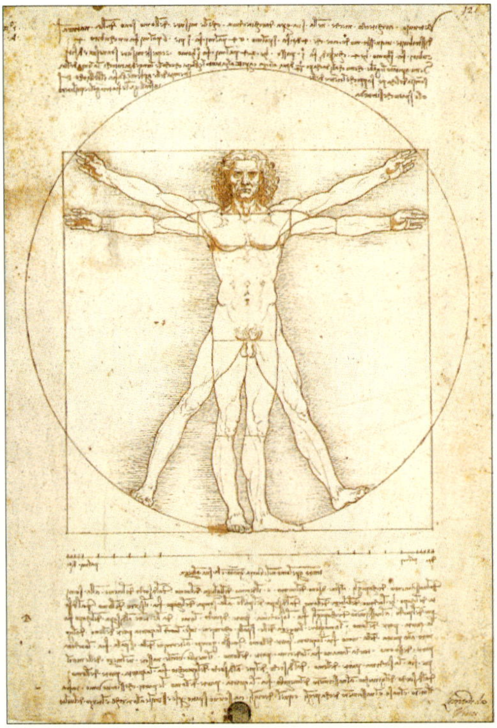

Proportionsstudie des menschlichen Körpers mit Leonardos handschriftlichen Notizen, um 1492.

Meine duftende Rosa,

nimm alles, was ich Dir heute schreibe, mit Deinen Zehen, Deinen Knien, Deinen Händen (mit jedem einzelnen Finger!), Deiner Zungenspitze, Deiner Nase, Deinen Augen, Deinen Ohren, und mit Deinen vielen tausend Haarwurzeln auf! Laß alle Deine Sinne für Dich arbeiten.

Leonardo war mit ganzer Seele Künstler. Er nennt uns die Dinge, auf die ein guter Maler bei seiner Arbeit achten muß: Licht, Schatten, Farbe, Standort, Gestalt, Volumen, Entfernung und Bewegung. Die Malerei war für ihn nicht nur Handarbeit, sondern auch Kopfarbeit.

Überhaupt war Leonardo ein Mensch der Überlegung: Er beobachtete und studierte zuerst und stellte dann Theorien auf. Er wartete nicht wie andere Künstler auf eine Eingebung. Seine Kunst entstand durch Arbeit und Nachdenken. Sie war ein Ergebnis der Vernunft.

Groteske Gesichter, um 1490.
Mit solchen Zeichnungen studierte Leonardo die menschliche Mimik.

Er war Maler, aber er war auch Wissenschaftler, ein Fachmann der Optik, Akustik, Anatomie, Bewegung, Schwerkraft, Ballistik, Waffentechnik, Hydraulik, Geologie und Botanik. Seine Notizbücher weisen ihn außerdem als Mathematiker und Philosophen aus. Er war ein typischer Renaissance-Mensch, der über sich selbst bestimmte und nach geistiger Unabhängigkeit strebte. Er war ein ganzer Mensch.

Die faszinierende Sanftheit seines Wesens und seiner Malerei war ein Ja zum Leben. Diese Bejahung war aber niemals nur Weisheit. Vielmehr setzte er sich für seine Ideen auch ein.

Wie alle großen Erfinder rüttelte er an der Ordnung, den Sitten und den Ideen seiner Zeit. Er war neugierig und streng. Wie er selbst, so entwickelte sich auch seine Malerei frei von den Ängsten, die die Menschen seiner Zeit erst allmählich ablegten. Durch sein Leben und sein Werk, eben durch alles, was seine Unabhängigkeit ausmachte, war Leonardo ein außergewöhnlicher Künstler.

Denn wir dürfen ja nicht vergessen, daß die Maler zur Zeit der Renaissance, obwohl sie wahre Wunderwerke schufen, nichts anderes waren als die Diener der Reichen und Mächtigen. Sie hatten etwa den Rang eines Stallknechts, und am französischen Königshof galten sie nicht mehr als die Kammerdiener! Leonardo da Vinci durchbrach mit seinem ganzen Verhalten die demütigende Ordnung, die aus Malern Diener machte, die fortwährend gezwungen waren, vor den großen Herren, den reichen Emporkömmlingen und der Kirche zu katzbuckeln. Die Maler mußten stets auf den Auftrag eines Auftraggebers warten. Oft warteten sie lange Zeit vergeblich. Auftraggeber handelten nicht aus Liebe zur Kunst, sondern meistens, um durch die Kunst zu mehr Ansehen zu gelangen, um besungen und geehrt zu werden. Aber selbst wenn ein Künstler einen Auftrag erhalten hatte, wurde er nicht immer dafür bezahlt, und wenn doch, dann mußte er manchmal lange, sehr lange auf seinen Lohn warten. Die Auftraggeber schafften zwischen sich und den Künstlern ein Verhältnis wie zwischen Herren und Sklaven.

Vasari, der erste Biograph Leonardos und vieler anderer Meister der Renaissance, schrieb: *Da ein Maler gegen den Hunger stärker ankämpfen muß als gegen die öffentliche Meinung, bleibt das unglückliche Genie im Hintergrund, ohne bekannt zu werden (durch die Schuld und zur großen Schande derer, die ihm hätten helfen können und sich nicht gekümmert haben).*

Leonardos Verhalten und seine Umgangsformen aber waren stolzer als die eines Königs. Er tat, was er wollte. Er war der einzige Maler seiner Zeit, der sich von niemandem Vorschriften machen ließ.

Durch sein unabhängiges, selbstbewußtes Auftreten wurde er zu einem Fürsprecher der Maler des 15. Jahrhunderts. Er setzte sich dafür ein, daß die Malerei zu den freien Künsten gezählt würde, wie die Dichtkunst oder die Musik, und nicht zu den Handwerkskünsten, wie die Arbeit der Vergolder oder Schmiede. Er forderte die Anerkennung der Malerei als geistig schöpferische Arbeit.

Leonardo war kein Held, er war einfach selbstbewußt. Er war nicht übermenschlich, sondern ein Mensch, der seinen kritischen Verstand gebrauchte. Er war ein Künstler, der sich nie durch Komplimente einlullen ließ.

Das mußte auch Isabella d'Este feststellen, die Markgräfin von Mantua, Schutzpatronin der Künste sowie Schwägerin von Ludovico Sforza, dem mächtigen Herzog von Mailand. Isabella d'Este also, diese einflußreiche Edeldame, stieß bei Leonardo da Vinci auf jemanden, der sich ihren Launen nicht unterordnete, sondern ihre Stadt Mantua sogar verließ, um nach Venedig zu gehen, statt ihr zu dienen! Dabei arbeiteten doch sonst so bedeutende Maler wie Botticelli, Perugino, Mantegna, Tizian und Raffael für sie – Leonardo aber hatte andere Pläne.

Raffael,
***Madonna unter dem Baldachin*, 1506-1508**

Michelangelo,
***Madonna Pitti*, um 1503**

Leonardo war ein Abtrünniger. Mit jedem Werk vermittelte er sein Wissen von der Welt und seine persönlichen Überzeugungen, die sich oft sehr von denen seiner Auftraggeber unterschieden.

Rosa, kannst Du Dir vorstellen, daß Leonardo, der bei seinem Publikum – seinen Zuschauern, seinen Lesern oder seinen Hörern – eine so tiefempfundene Rührung hervorrief, sich oft vom Trubel der Welt und aus dem Zentrum des Lichts zurückziehen mußte, um eine solche Leistung vollbringen zu können?

Ein Künstler konnte damals ebenso als Genie wie auch als Scharlatan angesehen werden. Es kam sogar vor, daß diese beiden Wörter dieselbe Bedeutung hatten.

Genie und Scharlatan? Künstler und Narr?

Leonardo hatte wenig Respekt vor Traditionen. Er war ein Erneuerer. Ein Auge hatte er stets auf die Gegenwart und seine Arbeit gerichtet und das andere auf die Zukunft der Menschheit. Leonardo war wie ein Magnet, der die Zukunft anzog, um sie in seine Werke einzubeziehen.

In meinem nächsten Brief erzähle ich Dir, womit sich Leonardo neben der Malerei beschäftigte und an welchen Veränderungen und technischen Erfindungen er arbeitete. Heute ging es mir um Leonardo als Mensch in seiner Zeit und in seiner Welt. Um den Mann, dessen vollkommene Schönheit und Würde eine ebenso große Herausforderung waren wie seine Sanftheit und die unaufdringliche Anmut seiner Bilder. Er hat nie geheiratet. Er lebte meistens mit sehr schönen Jünglingen oder jungen Männern zusammen, die seine Schüler waren. Seine Distanz zu Mädchen und Frauen, deren Gesichter er mit so viel Liebe malte, erinnert mich an die Worte des Dichters Petrarca, die Vasari zitierte, um besser erklären zu können, warum Leonardo nicht alle seine Werke vollendete: *Der Wunsch verzögerte das Werk.*

Ich glaube, Leonardo, der seine Mutter schon in frühester Kindheit verloren hatte, erträumte sich in seinen Werken seine Mutter und alle Frauen der Welt: sanfte, lächelnde, rätselhafte Frauen...

Ich glaube, das Treffen mit der Frau, die er hätte lieben können, verzögerte sich, weil er sich eine perfekte Frau wünschte. Ja, der Wunsch verzögerte diese Frau nicht nur, er verhinderte sie sogar.

Rosa, bis zu meinem nächsten Brief öffne Dich, laß die Malerei in Deine Seele eintreten, lasse sie ein, sie macht Dich frei.

Dein Onkel Leo

PS 1: *Der Mensch ist das Modell der Welt,* schreibt Dir Leonardo heute und erinnert Dich damit an den Satz von Plato: *Der Mensch ist das Maß aller Dinge.*

PS 2: Wenn Du einen Roman lesen willst, der zu Leonardos Zeit spielt, solltest Du Dir, sobald Du wieder laufen kannst (und ja nicht vorher!), „Das Geheimnis des Meister Cosimo“ von Pilar Molina Llorente besorgen, in dem es um einen jungen Maler im Florenz der Renaissance geht. Oder Du liest das spannende Buch „Pietro und die goldene Stadt“ von Ilse Kleberger. Vielleicht gefällt Dir sogar schon der Roman „Der Judas des Leonardo“ von Leo Perutz, in dem es um Leonardos *Abendmahl* geht.

Dame mit Hermelin,
1483-1490

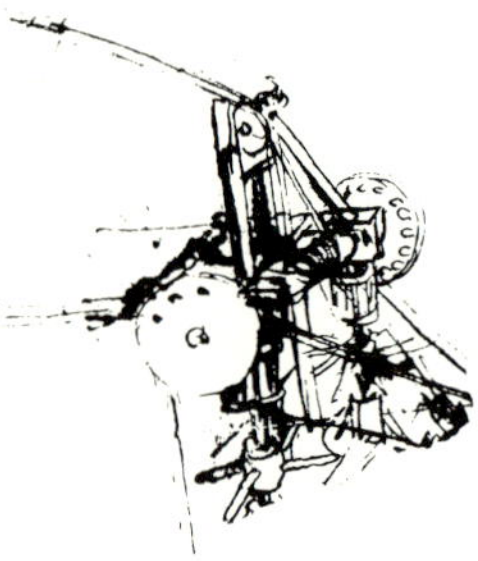

Meine Rosa Rosenholz,

in Mailand, wo Leonardo seit 1482 lebte, regierte Ludovico Sforza, der wegen seiner dunklen Hautfarbe auch Ludovico il Moro – „der Mohr“ – genannt wurde. Leonardo widmete sich im Dienste dieses Fürsten und der Mailänder den verschiedensten Aufgaben. In seiner Mailänder Zeit hat Leonardo all seine Fähigkeiten voll entfaltet. Er war ein vollkommener Maler-Bildhauer-Goldschmiede-Zeichen-Meister und außerdem ein Techniker, Wissenschaftler und Philosoph.

Man muß wissen, daß Leonardo ein umfassend gebildeter Mensch war, ein Erfinder, der seine vielen Pläne von Spinnmaschinen und Flugmaschinen, von Fallschirmen, Brücken, Wendeltreppen, Kanälen, Flußumleitungen und Kontaktlinsen für Sehschwache genauestens aufzeichnete und konstruierte. Weil er von seinen kühnen Ideen, Erfindungen und Weiterentwicklungen auf den verschiedensten Gebieten ganz und gar überzeugt war, schrieb er einen langen Brief an jenen Ludovico Sforza, damit der von den Ingenieurskünsten des Florentiners Leonardo erfuhr:

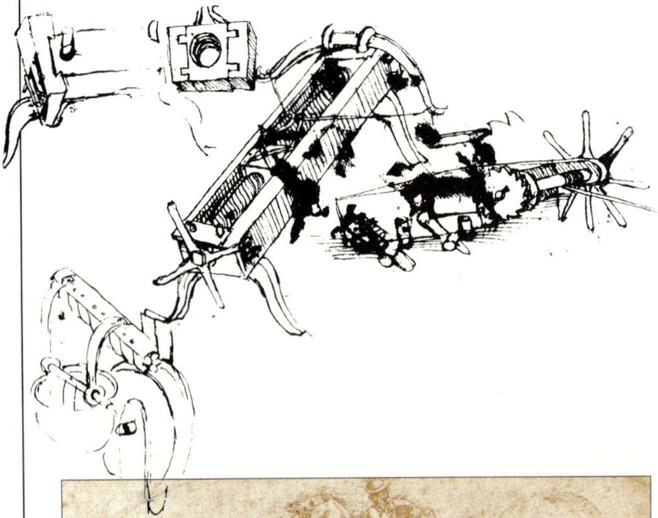

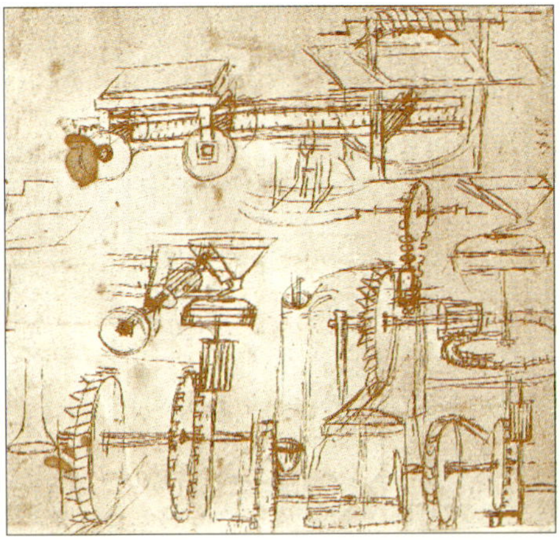

Hydraulische Maschinen und Kriegsgeräte. Links zwei der erstaunlichsten Kriegsmaschinen von Leonardo da Vinci: Ein Wagen mit kreisenden Sicheln sowie ein Panzerwagen, der mit der Hand oder mit Pferden in Gang gesetzt werden kann.

Erlauchter Fürst,

nachdem ich die Ergebnisse derer, die sich rühmen, große Erfinder von Kriegsgeräten zu sein, zur Genüge studiert habe und feststellen mußte, daß die besagten Geräte sich in nichts von den herkömmlichen unterscheiden, möchte ich, ohne einen anderen herabzusetzen, Eurer Exzellenz meine Geheimnisse offenbaren und Eurer Exzellenz anbieten, alle hier kurz aufgeführten Dinge nach Belieben zur Anwendung zu bringen.

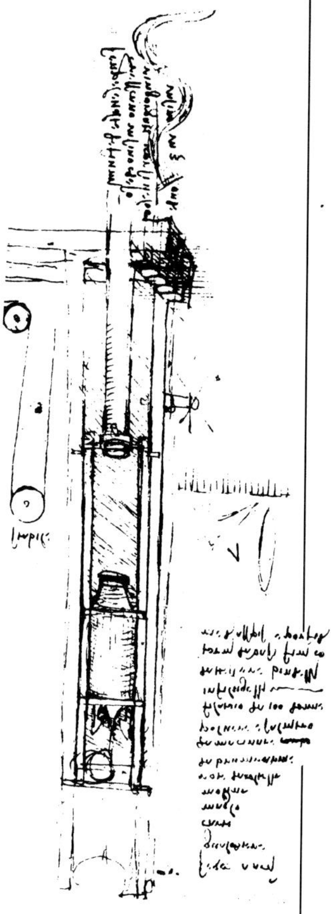

1. *Ich habe Pläne für äußerst starke und leichte Brücken, die ohne jede Mühe zu befördern sind und mit deren Hilfe man den Feind verfolgen oder bei Bedarf entfliehen kann; ferner andere, feste Brücken, die leicht auf- und abgebaut werden können und die widerstandsfähig gegen Feuer und Angriffe sind. Auch kenne ich die Mittel, um die Brücken des Feindes niederzubrennen und zu zerstören.*
2. *Ich weiß, wie man während einer Belagerung die Wassergräben trockenlegen und zahlreiche Brücken, Rammböcke, Sturmleitern und andere Vorrichtungen dieser Art bauen kann.*
3. *Ferner. Wenn aufgrund der Höhe der Böschungen sowie der Stärke oder der Lage der Befestigung eine Zerstörung der Befestigung durch Beschießung nicht möglich ist, kenne ich Methoden, um alle Kastelle oder andere Bollwerke zu vernichten, sofern sie nicht auf Felsen oder ähnlichem erbaut sind.*
4. *Ich habe außerdem Pläne für sehr praktische und leicht zu befördernde Bombarden, mit denen man kleine Steine schleudern kann, als ob es hagelte, und deren Staubwolken den Feind zu seinem großen Schaden und seiner Verwirrung in Angst und Schrecken versetzen werden.*
5. *Ferner. Ich weiß, wie man durch gewundene, unterirdische Geheimgänge, die geräuschlos angelegt werden, zu jedem beliebigen Ort gelangen kann, auch wenn dabei ein Graben oder ein Fluß durchquert werden muß.*
6. *Ferner. Ich kann sichere und unangreifbare, gedeckte Wagen bauen, die mit ihren Geschützen die Reihen des Feindes durchbrechen und auch die stärkste Truppe vernichten können; hinter ihnen können die Fußsoldaten folgen, ohne auf Hindernisse zu stoßen oder Schaden zu nehmen.*

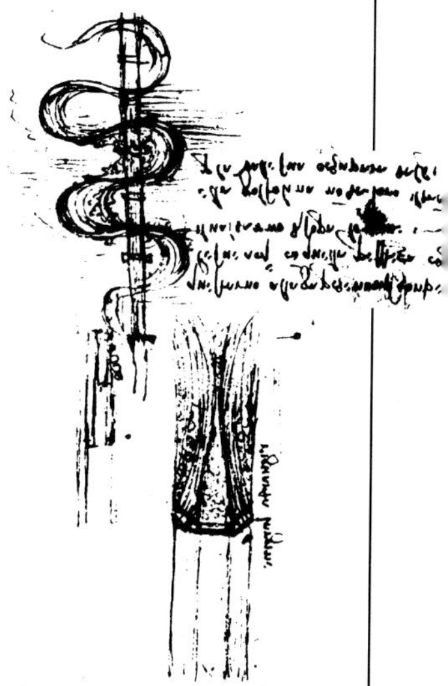

7. *Ferner. Wenn nötig, kann ich Kanonen oder Steinschleudern von schöner und nützlicher Form bauen, die sich von den herkömmlichen unterscheiden.*
8. *Für den Fall, daß eine Beschießung fehlschlägt, kann ich Katapulte, Wurfmaschinen, Schleudern sowie andere ungewöhnliche Geräte von außerordentlicher Wirksamkeit fertigen. Kurzum, ich kann je nach Bedarf allerlei verschiedene Maschinen für den Angriff und für die Verteidigung bauen.*
9. *Sollte sich zudem die Notwendigkeit ergeben, die Schlacht auf dem Meer auszutragen, so habe ich ebenfalls Pläne für viele, äußerst leistungsstarke Maschinen für den Angriff und die Verteidigung; und solche für Schiffe, die dem Feuer der größten Kanonen sowie Pulver und Qualm widerstehen.*

Das Große Pferd **(Studie)**

10. *In Friedenszeiten kann ich mich auf dem Gebiet der Baukunst ebenso wie bei der Gestaltung öffentlicher oder privater Bauten und bei der Leitung des Wassers von einem Ort zum anderen wohl mit jedem anderen messen und allen Wünschen gerecht werden.*
Ferner. Ich kann Skulpturen aus Marmor, Bronze oder Ton fertigen und in der Malerei so gut wie jeder andere Künstler jedes beliebige Werk schaffen.
Außerdem vermag ich auch das Reiterstandbild aus Bronze anzufertigen, das dem seligen Andenken Ihres Herrn Vaters zu unsterblichem Ruhm und dem Hause Sforza zu ewiger Ehre gereichen wird.

Sollte aber jemandem eines der oben erwähnten Dinge unmöglich oder nicht ausführbar erscheinen, bin ich durchaus bereit, meine Fähigkeiten unter Beweis zu stellen – in Ihrem Park oder an jedem beliebigen Ort, den Eure Exzellenz vorziehen, der ich mich in tiefer Ergebenheit empfehle.

Der Herzog erteilte Leonardo tatsächlich den Auftrag zu dem im Brief erwähnten Bronzepferd. Darauf sollte Leonardo als Reiter Ludovicos Vater, den Herzog Francesco, in voller Rüstung darstellen. Er machte sich an die Arbeit und plante ein Standbild, das mit einer Höhe von über sieben Metern die höchste Gußplastik seiner Zeit werden sollte!

Leonardo modellierte ein Modell aus Tonerde, das 1493 im Hof des Mailänder Palastes ausgestellt wurde. Die Mailänder waren begeistert. Alle waren sich darin einig, daß seit der römischen Antike kein großartigeres Werk erschaffen worden war.

In dieser Zeit stand Leonardo bereits in hohem Ansehen, und niemand in der Stadt konnte sich seiner Ausstrahlung entziehen. Vasari schrieb über das Pferd: *Wer das von Leonardo in Ton ausgeführte Modell betrachtete, gestand, nie etwas Schöneres und Stolzeres gesehen zu haben.* Es blieb erhalten, bis die Franzosen Anfang des 16. Jahrhunderts nach Mailand kamen und es in Stücke schossen.

Das *Große Pferd* sollte jedoch nie in Bronze gegossen werden, denn 1494 wurden die 72 Tonnen Bronze, die für seine Herstellung vorgesehen waren, zu Kanonen für den Krieg gegen Venedig verarbeitet.

Die Mailänder Jahre waren allerdings bei weitem nicht nur kriegerisch. Es gab Hochzeiten, Geburten und Taufen. Die Zusammenkünfte der Fürsten boten Gelegenheiten für Lustspiele, Zerstreuungen, Gaukeleien und Versdichtungen. Leonardo, der nie von seinem Erfindergeist verlassen wurde, vollbrachte als Festgestalter wahre Wunder. Als Berater, Dekorateur und Regisseur schuf er Welten, in denen sich viele Dutzend fürstlicher Gäste wohlfühlten. Seine Zeitgenossen waren so fasziniert und überrascht vom „Ball der Sterne", den er im Januar 1490 ausgestattet hatte, daß sie ihn als ein Wunderwerk beschrieben.

Aber wenn Leonardo auch in den unterschiedlichsten Bereichen schöpferisch wirken konnte, war er doch in erster Linie Maler, und hier in Mailand sollte er ein Kunstwerk schaffen, das so weltbewegend war, daß es einen Schlußstrich unter alle Traditionen der Malerei zog und die Tore der Zukunft weit aufstieß...

Meine liebe Rosa, das ist für heute genug. Wenn ich Dir mit den letzten Zeilen in bezug auf die Malerei bis zu meinem nächsten Brief schon einmal den Mund ein wenig wässrig gemacht habe, bin ich sehr froh.

Dein Onkel Leo

PS: Träume ruhig von Zeit zu Zeit – aber trau Deinen Träumen nicht, auch dann nicht, wenn sie wie ein Regenbogen schillern! Unser Leo meint dazu: *Die Phantasie kann niemals so gut sehen wie das Auge.*

Mein Onkel Leo,
Mein Onkel Olé,
Mein Onkel Hello,

gestern nacht habe ich eine Weile am Fenster gesessen. Ich habe zugesehen, wie die Blumen und Blätter im Garten langsam verschwammen. Die Nacht war hell mit ihrem fast runden Mond.
Trotzdem war die Nacht dunkel.
Kann die Nacht sich denn nicht weigern, dunkel zu sein?
Kann die Nacht sich nicht weigern, den fröhlichen Gartenschmuck des Tages zu verhüllen?
Mitten in der Nacht merkte ich, daß da auf einmal eine ganz besondere Stille war. Als hätte das Fehlen aller Geräusche die Zeit und den Raum verändert. Ich horchte in die Finsternis und wäre nicht besonders erstaunt gewesen, wenn ich Leonardo flüstern gehört hätte.

Studie zum Kopf des Apostels Bartholomäus.

Die Worte in Deinen Briefen waren gestern abend wie Nachtfalter, die mit den Sternen tanzen. Ich kann es kaum erwarten, wieder gesund zu werden und dann auch so zu tanzen. Viele Deiner Worte könnten mich ritterlich im Arm halten.
Was denn – ritterliche Worte? Leonardo und seine edlen Träume sind wohl doch gar nicht weit . . .
Erzähl mir, wie es weitergeht! Erzähle mir, welches meisterhafte Meisterwerk jetzt kommt. Erzähle mir von dem nächsten Farbenstrauß, von Leonardo dem Florentiner und von Mailand.

Jeden Tag wartet ungeduldig auf den Briefträger:

Rosa

***Abendmahl*, 1495-1497**

Meine Rosa-Sagenhaft,

ich habe das Gefühl, daß Du mit Deinen schweren Gipsbeinen die sagenhaftesten Flüge in die Welt der Pahntasie unternimmst! Deinen Blumen im Garten flüsterst Du bestimmt etwas ins Ohr, und sie antworten Dir in einer Blumensprache, die nur Du verstehst. In meinen Gedanken sehe ich Dich dort sitzen. Du bist still, und die Natur rings um Dich her lächelt Dir aus jedem Winkel zu. Schließe die Augen. Laß Deine Blumen eine Zeitlang allein. Fliege zurück nach Mailand, in die Renaissance!

Ludovico erteilte Leonardo etwa 1495 den Auftrag zu einem Gemälde, das die Wand des Speisesaals im Kloster Santa Maria delle Grazie schmücken sollte.

Leonardo malte ein monumentales religiöses Werk: das heilige Abendmahl, die letzte Mahlzeit, die Jesus Christus zusammen mit den Aposteln eingenommen hat. Leonardos *Abendmahl* zeigt uns den Augenblick nach dem Dankgebet. Brot und Wein stehen noch auf dem Tisch. Es ist genau der Moment, als Jesus verkündet, nein: soeben verkündet hat, daß ein Verräter mit am Tisch sitzt. Gerade eben hat er gesagt: „Wahrlich, ich sage euch: Einer von euch, der mit mir isset, wird mich verraten." Die Jünger, außer Judas, sind entsetzt und fragen „Bin ich's?"

Sieh Dir dieses von der Zeit zerfressene Bild genau an.

Der große Dichter Johann Wofgang von Goethe hat das *Abendmahl* so beschrieben: *Das Wort, die Voraussage des Herrn, es werde ihn einer der mit zu Tische Sitzenden verraten, regt die ganze Gesellschaft urplötzlich gewaltsam auf; alle fahren zusammen und bilden höchst belebte, vortrefflich angeordnete Gruppen. Alles lebt, alles ist in Bewegung. Die Mannigfaltigkeit der Affekte, der Gebärden kann nicht größer sein, Gestalt und Züge einer jeden Figur sind mit dem, was sie vernimmt, was sie leidet, ganz übereinstimmend, der Ausdruck wahr und kräftig. Judas erschrickt, fährt zurück und stößt das vor ihm stehende Salzfaß um.*

Achte auf den Frieden der Jesus-Figur im Zentrum des Bildes, und schau Dir dann von links nach rechts jeden Jünger einzeln an: Bartholomäus, Jacobus den Jüngeren, Andreas, Judas, Petrus, Johannes, und weiter Thomas, Jacobus den Älteren, Philippus, Matthäus, Thaddäus und Simon. Mit diesem Werk zeigte Leonardo, daß es ihm tatsächlich um das wirkliche Leben ging. Das wirkliche Leben mit seinen Tragödien, seinen Glanzpunkten und seinen Verrätereien. Er malte dieses Werk nicht in dem Bemühen, es so schnell wie möglich zu beenden, nein: er arbeitete sich rund drei Jahre lang Schritt für Schritt vorwärts, Gesicht für Gesicht, Hand für Hand, Finger für Finger. Er, der Meister der Malerei, verwandelte sich in einen Meister der Choreographie: Betrachte nur das Spiel der Hände! Stell Dir einmal nur die vielen Händen alleine vor – und Du siehst ein Vogelballett in der Luft, ein Ballett, das mit soviel Sachverstand und Bewegung gemacht ist, daß es unmöglich vom Himmel fallen kann. Leonardo gab jeder Hand eine eigene Bewegung, eine eigene Gestalt, legte in jede eine Aussage oder eine Frage hinein.

Abendmahl (Ausschnitt)

Studie zum *Abendmahl* (Ausschnitte)

Leonardo, der die Modelle für sein Abendmahl im wirklichen Leben suchte – in Kirchen, öffentlichen Bädern, Kneipen, auf dem Markt, auf der Straße und unter den Verurteilten im Gefängnis – brauchte viel Zeit, bis er alles gefunden hatte und ihm alles gelungen war. Sein Blick war wie eine zeichnende oder malende Kamera, die durch Mailand streifte. Betrachte das *Abendmahl* und höre Dir einige Sätze von Vasari dazu an: *Was Leonardo im Sinn hatte und zum Ausdruck bringen konnte, war die Erregung der Jünger, die ängstlich zu erfahren versuchten, wer ihren Meister verraten würde. Von ihren Gesichtern sind Liebe, Furcht, Entrüstung und der Schmerz darüber abzulesen, daß sie nicht alle Gedanken ihres Meisters verstehen können. Mit keinem geringeren Entzücken erkennen wir dagegen Trotz, Haß und Verrat bei der Judas-Figur. Jede noch so kleine Einzelheit des Werkes ist mit unglaublicher Sorgfalt herausgearbeitet: Sogar der Stoff des Tischtuchs ist in einer Weise gemalt, daß das Leinen selbst auch nicht wahrhaftiger wirken könnte.*

Man sagt, der Prior des Klosters habe Leonardo sehr ungestüm angetrieben, das Werk zu vollenden: Ihm schien es seltsam, Leonardo bisweilen einen halben Tag in Nachdenken verloren zu sehen; es wäre ihm lieber gewesen,

***Abendmahl* (Ausschnitte)**
***Diejenige Figur verdient das meiste Lob, die durch ihre Geste die Leiden der Seele am besten zum Ausdruck bingt*, hat Leonardo einmal notiert.**

wenn er gleich Arbeitern, die den Garten umhacken, den Pinsel niemals aus der Hand gelegt hätte. Da ihm nicht Genüge geleistet wurde, beschwerte er sich vor dem Herzog und drängte ihn so lange, bis dieser sich gezwungen sah, Leonardo rufen zu lassen, und ihn freundlich zur Arbeit zu bewegen, wobei er versicherte, er tue dies nur auf die Zudringlichkeit des Priors hin. Leonardo kannte den klaren Verstand und den Takt des Fürsten, und deshalb entschloß er sich, mit ihm über die Sache ausführlich zu reden – was er mit jenem Prior nie getan hätte.

Er äußerte sich weitläufig über die Kunst und machte anschaulich, daß erhabene Geister bisweilen am meisten erschaffen, wenn sie am wenigsten arbeiten, nämlich wenn sie erfinden und vollkommene Ideen ausbilden, die die Hände danach nur noch ausdrücken und darstellen müssen. Zwei Köpfe, so fügte er hinzu, wären es, die ihm noch fehlten, der von Christus, nach welchem er nicht auf Erden suchen wolle, und von dem er nicht glaube, daß seiner Einbildungskraft jene Schönheit und himmlische Anmut vorschweben könne, die der menschgewordenen Gottheit gezieme; der andere sei der des Judas, über den er nachdenke. Ihm scheine es unmöglich, passende Gesichtszüge für jenen zu erfinden, dessen trotziger Geist nach so vielfach empfangenen Wohltaten des Entschlusses fähig gewesen wäre, seinen Meister, den Erretter der Welt, zu verraten; nach diesem letzteren indes wolle er suchen, und finde er nichts Besseres, so bliebe ihm der des lästigen und taktlosen Priors gewiß.

Dies brachte den Herzog sehr zum Lachen und er gab Leonardo tausendmal recht. Der verwirrte Prior befleißigte sich daraufhin, die Arbeiten im Garten zu betreiben, und ließ Leonardo in Frieden; dieser führte den Kopf des Judas so trefflich zu Ende, daß er das wahre Bild des Verrates und der Unmenschlichkeit ist.

Da Leonardo eine nicht sehr haltbare Farbe verwendet hat, ist das Bild heute leider stark beschädigt. Aber dennoch kann man seine große Meisterschaft noch immer bewundern. Denn sie besteht, wie Du schon gesehen hast, nicht allein in der Malerei selbst, sondern ebenso in seiner Gabe, Bilder durch und durch zu komponieren. Und die Komposition des *Abendmals* ist trotz des schlechten Zustandes noch klar zu erkennen:
An dem quer zum Betrachter gestellten Tisch sitzen zur rechten und zur linken Seite der zentralen Jesus-Figur jeweils sechs Apostel. Sie sind in Gruppen zu je drei Jüngern zusammengefaßt, wobei allen Gruppen ungefähr gleich viel Platz im Bild eingeräumt ist. Die Gruppen wirken in sich geschlossen. So gleicht Leonardo die große Unruhe, die sich wie eine

Abendmahl (Ausschnitte)

gewaltige Welle von Jesus aus über die Jünger ausgebreitet hat und von den Enden des Tisches nun wieder zu ihm zurückzuspülen scheint, durch die strenge Ruhe der Bildkomposition aus. Hierdurch – und ebenso durch die Wahl aufeinander abgestimmter Farben und die perspektivische Ordnung des Raumes – strahlt das Werk eine außerordentliche Harmonie aus. Es ist diese Harmonie, die als eines der höchsten Ziele für den Renaissance-Künstler Leonardo galt.

Für heute schließe ich
mit einem Gruß an Dich

Leo

PS: Weil uns in dem *Abendmahl* so unterschiedliche Charaktere gezeigt werden, fällt mir der folgende Satz von Leonardo ein: *Über einen verdorbenen Menschen Gutes zu erzählen, ist ebenso verwerflich wie über einen tugendhaften Schlechtes zu reden.*

Rosa – Tupfer auf der Palette Deines Fruhlingsgartens,

stell Dir folgende Szene vor: Leonardo steht zwei Meter über der Erde auf seinem Malgerüst. Er vollendet gerade die Zimmerdecke über den Köpfen seiner Abendmahlsgesellschaft. Leonardo malt die Decke so, als würde sie die echte Decke des Raumes fortsetzen, an dessen Wand sich das Bild befindet. Auf einmal wirkt das Bild so räumlich, daß der Betrachter das Gefühl bekommt, in das Bild hineingehen zu können. Um diesen Eindruck von Tiefe im Bild zu erreichen, muß Leonardo die Regeln der Perspektive kennen, also die Lehre davon, wie man plastische, dreidimensionale Dinge auf einer platten Bildfläche darstellt.

Ein wenig davon wissen auch wir, wenn wir's uns überlegen. Stell Dir einmal vor, Rosa, wir stünden zusammen auf einer Brücke, die über eine Eisenbahnstrecke führt. Wenn Du 'runterschaust, liegen die Gleise parallel nebeneinander. Je weiter Du sie aber zum Horizont hin verfolgst, desto näher scheinen sich die Gleise zu kommen – als würden sie sich in irgendeinem Punkt am Horizont treffen. Obwohl wir wissen, daß die Gleise parallel verlaufen, sieht es doch nicht so aus.

Die gleiche Beobachtung kannst Du beim *Abendmahl* machen: Auch hier laufen die Linien der Decke, der Wände und der Wandteppiche aufeinander zu. Altmodisch gesagt, „fliehen" die Linien in die Tiefe des Raumes. Wenn Du diese Linien mit einem Lineal verlängerst, stellst Du fest, daß sie sich in einem Punkt treffen, dem sogenannten „Fluchtpunkt". Er liegt beim *Abendmahl* dort, wo wir den Kopf des Jesus sehen.

Die Entwicklung der Perspektivmalerei hat lange gedauert. Sie ist keine Erfindung Leonardos. Die Maler hatten schon ein Menschenalter vor ihm begonnen, sich mit dem Problem zu beschäftigen. Zu seiner Zeit hatten sie es gelöst. So hatte Paolo Uccello kurz zuvor in seinen Bildern gemusterte Fußböden und Decken gemalt, die schon nach den Regeln konstruiert waren, die wir beim *Abendmahl* eben festgestellt haben. Vor allem aber hatte Uccello mehrere Kriegsszenen gemalt, in denen er die neuen Möglichkeiten der räumlichen Darstellung voll ausschöpfte:

Perspektivekonstruktion für das *Abendmahl*.

Uccello, *Die Schlacht von San Romano*, 1435-1450

Er zeigt uns Pferde, die aus dem Bild herauszuspringen scheinen oder in die Tiefe hineingaloppieren, und Lanzen, die weit in das Bild hineinragen und selbst wie sichtbar gemachte Fluchtlinien wirken.

Leonardo aber hat die perspektivische Malerei noch weiter entwickelt. Er beobachtete die Natur genauer als je ein Maler zuvor. Er wußte, daß die Dinge kleiner dargestellt werden müssen, je weiter sie in der Tiefe des Raumes stehen. Er achtete darauf, daß Personen und Gegenstände im Vordergrund hinter ihnen liegende verdecken, und daß die Farben des Hintergrundes weniger intensiv, also heller sind als die des Vordergundes.

Mit dem *Abendmahl* hat Leonardo, dem man hin und wieder vorwarf, die Werke, die er begonnen hatte, nicht zu Ende zu bringen, eines der vollendetsten Werk der Kunstgeschichte geschaffen.

Meine Rosa, ich umarme Dich in Deinem Fluchtpunkt.

Dein Onkel Leo

PS: Leonardo dachte nach und schrieb: *Bei gleich großen Gegenständen scheint der entferntere kleiner zu sein; und die Größe nimmt in dem Maße ab, wie die Entfernung zunimmt.*

Er schreibt weiter: *Gestalte die Farbperspektive so, daß sie nicht im Mißverhältnis zur Größe des Motivs steht, also so, daß die Farben ihre Natur schrittweise und in dem Maße einbüßen, wie die Körper in zunehmender Entfernung ihre natürliche Größe verlieren.*

Meine Rosa Mittertag,
meine Rosa Mitternacht,
hast mich um den Schlaf gebracht.

Jawohl, denn der Brief, den ich Dir gestern über die Perspektive geschrieben habe, war so lang und so kompliziert, daß ich pausenlos Kaffee trinken mußte. Und den habe ich dann nachts gespürt...

Sag, hast Du Dir das *Abendmahl* tausendundeinmal angesehen? Hast Du bemerkt, wieviel Spannung darin steckt? Diese Szene zeigt wirklich eine Katastrophe. Wir sehen eine Gruppe von Menschen, deren Zusammenhalt zerstört ist, eine Gruppe, die nicht mehr durch die Kraft der Liebe vereint ist; und dazu Jesus, allein und schön. Es scheint, als hätte er bereits eine Schwelle überschritten: die Schwelle vom Diesseits zum Jenseits.

Dieses Jenseits, diese Ferne, der Jesus schon entgegenzustreben scheint, wird durch die Fenster im Hintergrund angedeutet, durch die wir in eine unendliche Weite hinausblicken. Aber Leonardos Bildsprache ist noch sensibler: Sieh Dir den so friedlichen und erhabenen Gesichtsausdruck von Jesus an und bedenke, daß alle Linien der Perspektive-Konstruktion auf dieses Gesicht zulaufen. So stellt Leonardo den Jesus in den Mittelpunkt des Bildes und unserer Aufmerksamkeit, ohne ihn durch starke Farben, besondere Größe oder etwa einen Heiligenschein betonen zu müssen. Du siehst: Leonardos Malweise war niemals grob oder einfach, sondern stets zurückhaltend und intelligent. Und wunderschön – denn wer an eine göttliche Macht glaubt, kann in diesem Gesicht auch heute noch die Bestätigung für seine Hoffnungen finden.

Diese Darstellung der vom Zweifel gepeinigten Menschen, die völlig unvorbereitet erfahren mußten, daß selbst die Liebe Gottes und seines Sohnes auf Erden den Menschen nicht vor Bosheit und Tod bewahren kann, ist der Anfang einer neuen Entwicklung in der Malerei.

Studie zum *Abendmahl*

Dein Onkel Leo

PS: Dieser Brief ist der kürzeste, den ich Dir bisher geschrieben habe. Gönnen wir uns heute eine kleine Pause – und zwar auf Empfehlung von Meister Leonardo: *Es ist ein guter Plan, hin und wieder wegzugehen und ein wenig auszuruhen, denn wenn man zur Arbeit zurückkehrt, ist das Urteilsvermögen sicherer.*

Das Abendmahl (Ausschnitt)

Lieber Onkel,

die Tage werden immer länger. Sie dehnen sich aus wie Gummiband. Am hellichten Tag und tief in der Nacht ziehe ich durch die Welt. Ich fahre See, ich spaziere Gang, ich reise rund, ich laufe Eis, ich wandere aus, ich steige Berg und ich fliege aus. Dadurch kann ich, wie Du bestimmt gemerkt hast, aus den langweiligen Substantiven Verben machen! Aber nur in meinem Garten und nicht in der Schule, weil ich da immer noch nicht hingehe. Deshalb kann ich für meine neuen Verben gar nicht richtig werben.
Vielen Dank für die Perspektivmalerei.
Vielen Dank auch für das Abendmahl und Deine Erklärungen.
Aber jetzt paß Du einmal auf! Denn jetzt bist Du an der Reihe und mußt Augen und Ohren aufsperren. Weißt Du, Mutti ruft jede Woche meine Klassenlehrerin an, um zu hören, was sie denn gerade in der Schule lernen. Und als sie der neulich erzählt hat, daß wir uns so fleißig über die Renaissance schreiben, hat meine Lehrerin (wir haben bei ihr Deutsch und Erdkunde) mir gleich ein paar Texte geschickt, die zum Thema passen. Sagt sie. Also jetzt paß auf!
Hier schreibe ich Dir zwei Gedichte auf.
Das erste ist ein altes griechisches Rätsel, das Du lösen mußt. Das zweite hat ein Dichter geschrieben, von dem meine Lehrerin sagt, er sei ein „Humanist“ gewesen und hätte die Zeit der Renaissance stark beeinflußt.

Nicht sterblich, nicht unsterblich, aber von Natu
Gebildet also, daß er weder nach Menschenart
Noch Götterweise lebe, sondern stets aufs neu
Geboren werde, wechselweis zum Untergang;
Gesehn von keinem, allen aber doch bekannt,
Vorzüglich Kindern, die er sich besonders liebt.

Alexis (300 v. Chr.)

Wie schmerzt es mich, daß niemals ich gesungen
Der Schönheit Preis, der, Herrin, euch gebührt,
Des Zaubers, den beglückt mein Herz verspürt',
Der schon beim ersten Anblick mich bezwungen!

In langen Nächten hab ich heiß gerungen
Mit Reim und Wort, des Denkens Glut geschürt;
Zu höchsten Höhn hat mich der Geist entführt,
Doch immer wieder ist das Werk mißlungen.

So oft ein zagend Wort zur Lippe drang,
Schlug kraftlos in den Busen es zurücke;
Dem Sterblichen macht Himmelsnähe bang.

So brach mir jeder arme Vers in Stücke;
Ich sank vor so viel Herrlichkeit in Staub.
Ach! All mein Mühen ward der Ohnmacht Raub.

Franceso Petrarca (1304-1374)
Sonett an Madonna Laura

Hoffentlich gefallen Dir diese Wörter von früher und die verzwickten Sätze genauso wie mir!
Es ist spät am Nachmittag. Die Schatten sind immer noch sehr weich. Sie haben sich ausgestreckt; vielleicht, weil sie den fernsten Punkt am Horizont erreichen wollen!
Es ist schon fast Abend.

Deine Rosa

PS 1: Ich werde Mutti bitten, mir ein Malheft zu kaufen, damit ich den Garten mit dem Haus malen kann. Aber auch meine zehn Zehen, die da unten, am Ende meiner Füße, langsam die Geduld verlieren.

PS 2: Hast Du's gewußt? Die Lösung des Rätsels von Alexis heißt: Der Wind!

Meine Rosa-Rosalie,
meine Rosa-Poesie,

tausend Dank für die Gedichte oder besser gesagt: für die *Ferse*! Du verwandelst Substantive in Verben, und ich erfinde ein paar hübsche Fähler, wenn mir danach ist.

Ich hoffe, Leonardo mit seiner Spiegelschrift, dieser schwungvollen Handschrift eines Linkshänders, hat auch mal ein paar Fehler gemacht, aber ich bin mir da nicht so sicher. Außer, wenn er etwas Lateinisches aufschreiben wollte, denn das hat dieser so gebildete Mann erst im Alter von 40 Jahren erlernt!

Leonardo ging schließlich nach Florenz zurück. Dort beauftragte man ihn mit der Schaffung eines gewaltigen Werkes. Es war der größte Auftrag, den er je erhalten hat. Er sollte eine Wand des Großen Ratssaales, des Saales der Fünfhundert, im Florentiner Palazzo Vecchio bemalen.

Für diese lange Wand entwarf er die *Anghiarischlacht*. Dieses Werk wurde zwar geplant, vorbereitet und auch begonnen, aber nie vollendet. Lies Vasaris Bericht dazu:

Studien zur *Anghiarischlacht*: Reiter und Fußsoldaten im Kampfgetümmel

Da Leonardo einen ungünstigen Malgrund verwendet hatte, mußte er die Arbeit an seinem Wandgemälde abbrechen. Hier der Versuch eines unbekannten Künstlers aus dem 16. Jahrhundert, die *Anghiarischlacht* von Leonardo nachzumalen.

Wut, Zorn und Rachsucht erkennt man in den Menschen nicht minder wie in den Pferden; zwei dieser Tiere sind mit den Vorderfüßen ineinander gehakt und fallen sich mit dem Gebiß an, wütend wie ihre kämpfenden Reiter, die um die Fahne streiten. Einer der Soldaten hat mit beiden Händen zugefaßt; während er das Pferd zur Flucht treibt, wendet er mit Kraft den Körper zurück, umklammert den Schaft der Fahne und versucht so, sie den Händen von vier Kriegern zu entreißen. Zwei versuchen, sie mit je einer Hand zu verteidigen. Obendrein sind auf der Erde zwischen den Füßen der Pferde noch zwei miteinander kämpfende Krieger verkürzt gezeichnet.

Kaum sagen läßt sich, wie schön Leonardo die ganz verschiedenen Kleidungen der Soldaten, den Helmschmuck und andere Zieraten gezeichnet und welch unglaubliche Meisterschaft er bei den Umrissen der Gestaltung der Pferde gezeigt hat, denn besser als irgend sonst ein Meister wußte Leonardo diesen Tieren Wildheit, Muskelspiel und Schönheit zu verleihen.

Wir können Vasaris Worte besser verstehen, wenn wir wissen, wie sorgfältig Leonardo anatomische Studien, Muskeln, Pferde und Gesichter aller Art zeichnete. Er sezierte selber Leichen, studierte sie und plante, ein Werk in 120 Bänden über die Anatomie herauszubringen. Aber er warnte auch vor zuviel Wissenschaft: *Maler-Anatom, gib acht, daß die allzugroße Kenntnis der Knochen, Sehnen und Muskeln dich nicht zu einem hölzernen Maler macht!*

Leonardo, der zu jener Zeit kein Jüngling mehr war, trat auch weiterhin selbstbewußt auf und zeigte mit jeder Geste und jeder Lebensäußerung den vornehmen Stolz seines Talents. Er blieb unschlagbar. Für Piero Soderini, das Stadtoberhaupt von Florenz, war eine seiner stolzesten Handlungen allerdings nichts als Anmaßung: Als man Leonardo das Geld, das man ihm schuldete, in kleinen Münzen auszahlen wollte, lehnte der es mit der Begründung ab: *Ich bin kein Maler, den man mit Kleingeld bezahlt.* Er kannte seinen Wert.

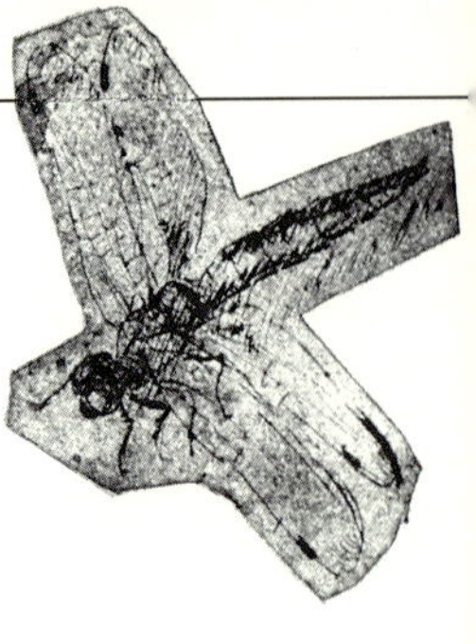

Leonardo hatte über viele Jahre hinweg die Vögel beobachtet. Seit jeher beschäftigten ihn ihre Flugtechnik und ihre herrlichen Schleifen im Wind. Er wollte den alten Menschheitstraum vom Fliegen verwirklichen.

Zunächst studierte er den Milan, dann die Fledermaus, die zwar kein Vogel, sondern ein Säugetier ist, aber dennoch fliegen kann. Für Leonardo war sie der größte Akrobat der Lüfte.

Wie immer skizzierte er seine Ideen, und so finden sich viele Zeichnungen von Vögeln, Vogelflügeln und Insekten in seinen Aufzeichnungen. Er konstruierte in seinen Skizzen damals schon Fallschirme und sogar eine Art Hubschrauber. Aber am stärksten fesselte ihn erst einmal der freie Gleitflug. So dachte er über die Bewegungen, die Schwerkraft, das notwendige Gleichgewicht nach und machte Pläne.

Aus den Werkstoffen seiner Zeit, also aus Seilen, Leim, Leder, Rinderhorn und Schilfrohr baute er schließlich eine echte Flugmaschine. Doch 1505, bei seinem letzten Flugversuch, konnte er sich ebensowenig in der Luft halten wie zuvor 1498. Er, der Vogelliebhaber, der ein Vogelmensch werden wollte, blieb auf der Erde.

Er sollte niemals fliegen, doch er erträumte schon damals das, was der technische Fortschritt vier Jahrhunderte später möglich machen sollte. Von all seinen Erfindungen war er von seiner Flugmaschine wahrscheinlich am meisten überzeugt. Fliegen zu können und die Schwerkraft zu überwinden, wäre für Leonardo die Erfüllung seiner sehnlichsten Wün-

Studien zu Libellen und Flugmaschinen.

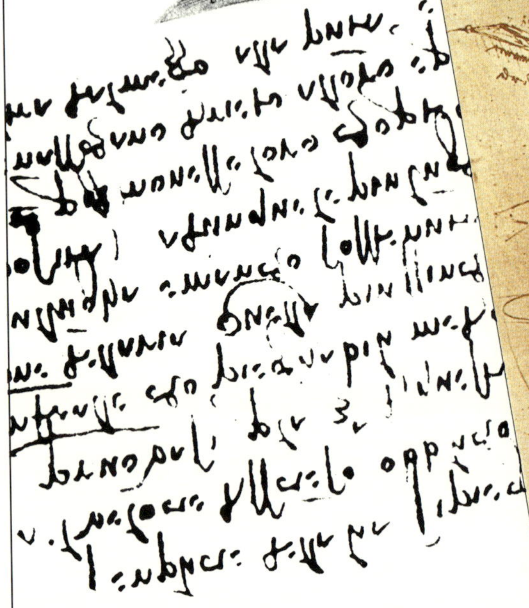

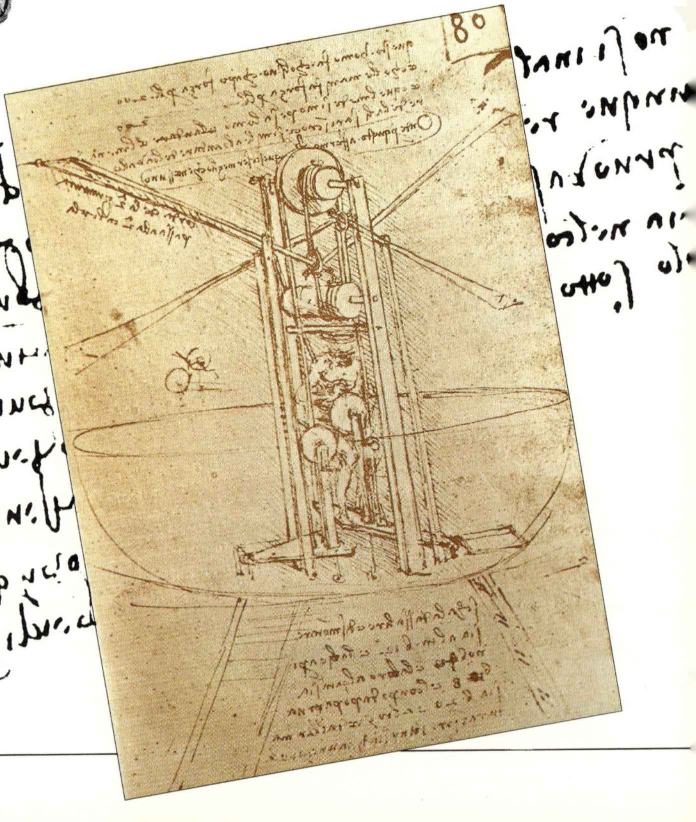

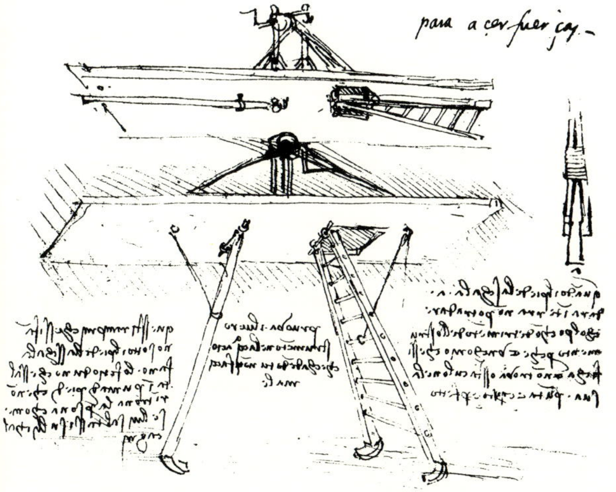

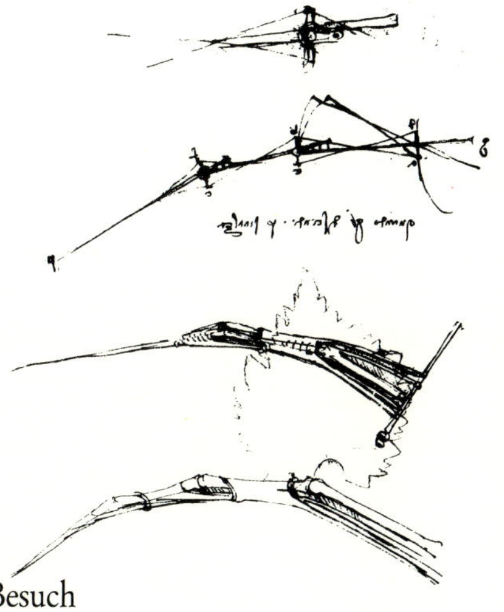

sche gewesen. Leonardo, dessen früheste Kindheitserinnerung der Besuch jenes Vogels an seiner Wiege war, und der als junger Mann die Vögel aus ihrem Käfig befreite, konnte selbst kein Vogel werden.

Konstruktionszeichnungen für Flugmaschinen.

Neben dem Vogelflug interessierte sich der Forscher und Erfinder Leonardo vor allem für das Wasser; für die Flüsse, die, wie der Arno, über ihre Ufer traten und Felder und Häuser überschwemmten. Seine Kanalentwürfe und Trockenlegungsarbeiten verraten, was für ein perfekter Ingenieur er war.

Rosa, der allwissende Leonardo wußte vielleicht auch, wie gebrochene Beine schneller heilen können. Ich habe dazu nichts in seinen Schriften gefunden. Aber wenn es stimmt, daß uns viele tausend Seiten von ihm überliefert sind, so fehlen andererseits bestimmt auch ein paar tausend Seiten.

Meine Rosa, ich umarme Dich und schicke Deinen zehn Zehen einen Gruß.

Dein Onkel Leo

PS: Der Erfinder und Theoretiker Leonardo schickt Dir einen Satz, der zeigt, wie streng sein Denken war: *Keine menschliche Forschung kann sich Wissenschaft nennen, wenn sie ihren Weg nicht über mathematische Beweise nimmt.*

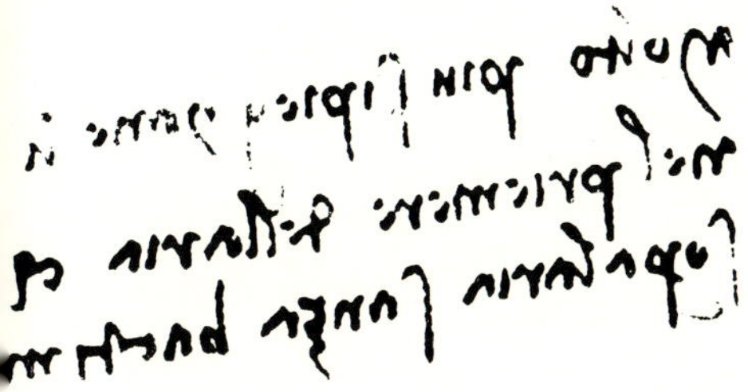

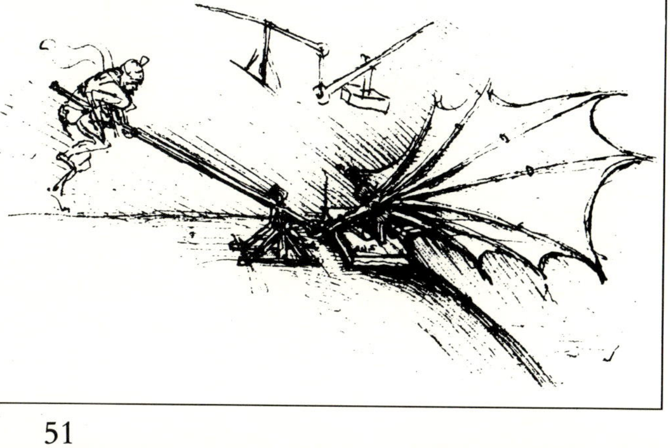

Mein lieber Onkel,

ich habe noch eine Überraschung für Dich: „Vor allen Dingen besuchte ich noch das schöne Abendmahlsgemälde von Leonardo da Vinci in dem Kloster der heiligen Maria. Das Kloster ist jetzt leer, und das Refektorium, wo das Gemälde an der Wand ist, war während der Revolution, wie man sagt, einige Zeit sogar ein Pferdestall. Jetzt muß man auf einer Leiter heruntersteigen in den Saal, der untere Eingang ist vermauert: und nun leidet das Stück durch feuchte, dumpfe Luft vielleicht ebenso sehr, als vorher durch andere Behandlung."
So hat ein gewisser Johann Gottfried Seume das Abendmahl vorgefunden, als er im Jahre 1802 zu Fuß (!) von Dresden nach Syracus auf Sizilien gewandert ist. Kein Wunder, daß es heute so beschädigt ist!

Wie Du siehst, kann ich richtig lesen, und zwar nicht nur Deine Briefe, sondern auch anderes, wie nämlich meinen Italienführer, in dem dieser Text steht.
Wie steht's bei Dir eigentlich mit der italienischen Sprache? Parla italiano? Si? No?
Du mußt die falsche Antwort durchstreichen.
Wenn Leonardo hier bei mir im Garten wäre, würde ich ihn bitten, mich zu malen. Vielleicht würde er beim Anblick meiner rosigen Wangen *ja* sagen. Dann würde ich einen zarten Jasminzweig in die Hand nehmen und wunderschön lächeln . . .

Ich gebe Dir einen Kuß made in Rosa. Der hält garantiert.

Rosa

PS: Meine Beine in ihren Gipsrollen sind richtige „Frühlingsrollen".

Anna Selbdritt, 1510

Meine Rosa-Lisa,

Studie zu *Anna Selbdritt*

bevor ich Dir heute endlich von der *Mona Lisa* schreibe, müssen wir uns unbedingt noch ein anderes Gemälde ansehen: Die *Anna Selbdritt*. Auf beiden Bildern, die Leonardo gegen Ende seines Lebens malte, entdecken wir all die zarte, dabei stolze und Reife Anmut in der Darstellung des Lebens wieder, die so typisch für Leonardo ist. Aber sieh selbst:

Vor einer hellen Gebirgslandschaft sitzt die heilge Anna. Auf dem Schoß hat sie ihre Tochter Maria, die ihrerseits das Christuskind in den Armen hält. Der kleine Knabe hat ein Lamm, das Symbol der Unschuld, umschlungen. Sicher wirst Du jetzt fragen, warum sich Leonardo für eine so komplizierte Anordnung seiner Figuren entschieden hat? Warum sitzen die Personen nicht einfach nebeneinander?

Genau weiß ich das auch nicht. Aber ich denke mir, daß diese Anordnung Leonardos Bildidee am besten veranschaulicht, die etwas mit dem Werden und Vergehen der Zeit zu tun hat. Sieh genau hin: Die beiden Frauen scheinen an manchen Stellen eins zu werden, ineinander zu verfließen oder auseinander hervorzuwachsen. Zum Beispiel könnte ich nicht sagen, ob die braune Farbe zwischen ihren Köpfen zum Haar der Maria oder zum Kleid der Anna gehört. Das können wir als eine Darstellung des Geboren-Werdens verstehen, ohne das es in der Welt aller Lebewesen keine Vergangenheit und keine Zukunft gäbe.

Ausschnitt

Aber Leonardo zeigt uns noch mehr. Er zeigt, daß auch die nicht lebendige Natur Neues hervorbringt, indem sie eine Form aus der anderen entstehen läßt: Der felsige Grund vorne im Bild und die zackigen Berge in der Ferne lassen uns spüren, wie sie ihre Gestalt durch Verschiebungen, Brüche, durch Verwitterung und strömendes Wasser erhalten haben. Leonardo macht geradezu den unendlich langen Zeitraum sichtbar, in dem das geschehen ist. Paßt es nichtgut dazu, wie aufmerksam Leonardo auch die Veränderungen in kleinen Zeiträumen festhielt, nämlich das Spiel des Lichtes, den vorübergehenden Gesichtsausdruck, das Lächeln, den gleitenden Schatten?

Und das bringt mich endlich zu Deiner Freundin, der *Mona Lisa*! Du weißt inzwischen so viel über Meister Leonardo und seine Malerei, daß wir uns jetzt mit dem berühmtesten Bild der Welt beschäftigen können. Es ist das berühmteste Bild der Welt! Du meine Güte, das ist nicht gerade wenig...

Die *Mona Lisa* ist voller Rätsel. Das Bild wurde zwischen 1503 und 1507 gemalt und ist das Porträt von Madonna (Mona) Lisa Maria di Noldo Gherardini, der Gemahlin des Florentiner Bürgers Francesco di Bartolomeo di Lanobi del Giocondo. Als Leonardo sie malte, war sie ungefähr 26 Jahre alt.

Heutzutage ist es für Dich wie für mich sehr schwierig, dieses Gemälde richtig anzusehen, denn viel zu oft ist es auf Putzlappen und Servietten, in Kalender und sogar Werbeanzeigen gedruckt worden. Und wie oft wurde es von modernen Künstlern kopiert: Marcel Duchamp, zum Beispiel, malte 1919 einen Schnauz- und Kinnbart dazu sowie ein paar Buchstaben; Fernando Botero machte eine gemütliche Dicke aus ihr, und viele andere haben ihr heiteres oder freches Spiel mit ihr getrieben.

Dennoch ist die *Mona Lisa* ein Meisterwerk, ein Gemälde, das stets unergründlich bleiben wird. Ja, wir haben es mit vollendeter Malkunst zu tun. Hier wird nichts nachgeahmt. Im Gegenteil ist Leonardos Wiedergabe der Natur so überaus gut gelungen, daß man meint, eine lebendige Frau vor sich zu haben. Aber Achtung! Erinnern wir uns, daß Leonardo immer auf der Suche nach einem inneren Leben war, das jenseits des Sichtbaren liegt – der Seele.

Mona Lisa, 1503-1505

Wäre die *Mona Lisa* einfach eine besonders gelungene Abbildung der Realität, dann hätte sie heute vielleicht die gleiche Bedeutung wie eine gute Photographie. Aber sehen wir genau hin, dann stellen sich auf einmal eine ganze Reihe von Fragen, die wir nicht leicht beantworten können: Ist das berühmte Lächeln eigentlich freundlich und liebevoll, oder ist es vielleicht amüsiert und ironisch? Sieht die junge Frau uns wirklich an, oder blicken ihre ruhigen Augen in eine Traumwelt? Sind ihre Hände zart und weich, oder können sie auch entschlossen zugreifen? Ist dies das Bild eines jungen, unerfahrenen Mädchens, oder zeigt es eine selbstbewußte und kenntnisreiche Frau?

Rosa, ich glaube, daß diese Ungewißheit und der Reichtum an Möglichkeiten die Menschen über Jahrhunderte hinweg bewegt hat. Aber jeder muß seine persönlichen Antworten auf die Fragen finden, die Leonardo in das Bild gelegt hat. Denn die *Mona Lisa* zeigt eben nicht nur das realistische Portrait der Lisa del Giocondo, sondern ist vor allem das Bild eines gefühlvollen und beseelten, äußerlich und innerlich schönen Menschen.

Fernand Léger,
***Mona Lisa mit Schlüsseln*, 1930**

Marcel Duchamp,
***L.H.O.O.Q.*, 1919**

Fernando Botero,
***Mona Lisa*, 1978**

Um diesen Eindruck zu verstärken, tauchte Leonardo die Figur in ein zauberhaftes, goldenes Licht. Es ist das gleiche weiche Licht, das auch die Figuren der *Madonna in der Felsengrotte* und der *Anna Selbdritt* umspielt. Aber stärker als bei jenen Bildern scheint das Licht hier gar nicht von außen auf die *Mona Lisa* zu leuchten, sondern vielmehr aus ihr selbst heraus! Es ist, als wäre die junge Frau die Sonne selbst. Als gingen Licht, Wärme und Energie von ihr aus und durchströmten das ganze Bild.

Vasari erzählt, daß Leonardo die Madonna Lisa in seinem Atelier mit Musikern, Sängern und Komödianten umgab, damit sie heiter blieb, während er malte. Er wußte nur zu gut, was für eine ernste Angelegenheit es ist, das eigene Bild der Öffentlichkeit zu zeigen. Und sie ahnte gewiß, wie sehr ihre Schönheit durch das Talent und das Einfühlungsvermögen dieses Malers gewann – dieses Malers, der nie aufhörte, nach dem Ursprung des Lebens und seiner phantastischen Heilquelle zu fragen: nämlich nach der Liebe selbst.

Herzlich

Dein Onkel Leo

PS: Du hattest doch beschlossen, Deine Füße zu malen. Dazu schreibt Leonardo: *Wende für den Fuß die gleiche Regel an wie für die Hand, das heißt, zeichne zunächst die Muskeln in sechs Ansichten: von hinten, vorn, unten, oben, innen und außen.* Ob Du das in Deinen Gipsrollen schaffst?

Mein wunderbarer Onkel,

Du hast es gut, denn Du kennst all die Worte, mit denen man Bilder beschreibt! Und ich habe es gut, weil ich Deine Worte lesen kann!
Bist Du deshalb kein Maler, sondern ein Dichter geworden?
Weißt Du, wenn ich auf der Straße, oder im Supermarkt, oder in der U-Bahn, oder irgendwo anders eine Frau treffe, die die Schwester der Anna, Maria oder der Mona Lisa sein könnte, gebe ich ihr Deine Adresse und Deine Telephonnummer.
Die Worte Deiner Briefe werde ich mir aufheben. Es sind die schönsten auf der ganzen Welt. Meine Weltmeister!
Solange Dir keine schöne Mona Lisa über den Weg läuft, um etwas Pfeffer und Salz auf Deinen Teller und etwas Würze in Deine Träume zu streuen (in die Mittags- und in die Mitternachtsträume), bleibe ich die Hüterin Deiner Worte.
Schreibe mir!

Deine Wortwächterin Rosa

Johannes der Täufer,
1513-1516

Rosa, meine liebe Nichte,

wie Du weißt, war Leonardo eine genialer Maler. Zu seinen Lebzeiten brachte man ihm fast immer Hochachtung entgegen. Es kam allerdings auch vor, daß der Beifall der Fürsten, der Bürger und des Volkes Gaunern und Betrügern zufiel, die überhaupt nichts zustande brachten. Leonardo zu lieben, war nicht schwer für seine Zeitgenossen, denn er war wirklich liebenswert und außerordentlich freundlich. Ihn allerdings wirklich zu lieben bedeutete auch, anzuerkennen, daß er niemals unterwürfig oder gefügig sein würde, sondern stets bereit war, sich aufzulehnen.

Lies Dich in Bücher hinein, besuche Museen, geh überall dorthin, wo Leonardos Spuren Dich träumen lassen. Sieh immer wieder genau hin! Du darfst nie aufhören, genau hinzuschauen und selbst Fragen zu stellen!

Meine Briefe hätten länger sein und Dir mehr über die vielen Maschinen erzählen können, die er erfand und zeichnete, über seine vielen Skizzen und Pläne. Ich hätte Dich auch bitten können, ihm an die toskanische Küste nach Piombino zu folgen oder nach Venedig, nach Siena, Rimini, Arezzo. Ich hätte Dir Leonardo außerdem als den Kriegsingenieur des Cesare Borgia beschreiben können.

Aber ich habe Dir fast nur von seiner Malerei erzählt. Sie war für ihn das Höchste. Er schätzte sie höher als Dichtkunst oder Musik. Höher: Das scheint uns auch Johannes der Täufer sagen zu wollen, mit seinem leichten Leonardo-Lächeln und dem nach oben zum Himmel gerichteten Finger. *Johannes der Täufer* ist Leonardos letztes Meisterwerk.

Meine liebe Rosa, vielleicht hast Du Lust, im Atlas die Orte herauszusuchen, an denen Leonardo gelebt und gearbeitet hat? Dann kannst Du in Frankreich die Loire, die ebenso widerspenstig wie der Arno sein kann, mit dem Finger flußaufwärts fahren bis nach Amboise, nahe Tours. Hier, in einem der schönen Steinbauten der französischen Renaissance, in dem alten Landschlößchen Cloux, das heute Clos-Lucé heißt, verbrachte Leonardo seinen Lebensabend.

Ja, Ende 1516 verließ er mit seinen Schülern Salai und Francesco Melzi Italien und zog über die Alpen. Nach dreimonatiger Reise auf dem Rücken eines Maultieres gelangte er an die Ufer der Loire. Er war dem Ruf seines neuen Herren, dem französischen König Franz I., gefolgt. Der überließ ihm das Landschloß als Residenz und Leonardo richtete sich mit seinen Bildern, Zeichnungen, Manuskripten und Büchern häuslich ein. Er war des Königs erster Hofmaler, Ingenieur und Architekt.

Hier starb er am 2. Mai 1519.

Es war Frühling im milden Frankreich. Die Natur, die er immer geliebt hatte, erwachte zu neuem Leben und erwies ihm so die letzte Ehre.

Leonardo hat den Menschen mit seinen genialen Fähigkeiten Mut gemacht. Er hat Licht in das Leben der Menschen gebracht.

Sei gegrüßt von

Deinem Onkel Leo

Schloß Clos-Lucé

Begriffslexikon

Vielleicht möchtet Ihr ein paar Begriffe, die im Text verwendet werden, näher erklärt haben. Die wichtigsten Wörter, die mit Leonardo da Vinci in Zusammenhang stehen, haben wir ausgewählt und hier erläutert. Hinter jedem Begriff findet Ihr die Zahl der Seite, auf der das Wort zum ersten Mal verwendet wird.

Anna Selbdritt *19* Darstellung „zu Dritt": Die heilige Anna mit ihrer Tochter Maria, und deren Sohn Jesus.

Augenmaß *25* Hier: Beobachtungsgabe.

Bildhauer *10* Künstler der *Skulpturen* erschafft.

Bildnis *19* Gemaltes Bild eines bestimmten Menschen.

Bildsprache *44* Der Künstler verwendet alle Elemente der Gestaltung wie eine Sprache, mit der er seine Gedanken ausdrückt: Die Farbe, die Anordnung, die Auswahl der Personen und ähnliches.

Bronze *14* Metall, das besonders häufig zum Guß von Plastiken nach Gips- oder Tonmodellen verwendet wird.

Choreographie *37* Entwurf für den Ablauf eines Ballett-Tanzes.

Dekorateur *35* Hier: Ausgestalter eines Festes, der für Kostüme und Raumschmuck sorgt.

Dreidimensional *42* Jeder Körper ist in der Wirklichkeit dreidimensional: Er hat eine Höhe, eine Breite und eine Tiefe. Bei der Darstellung auf einem flachen Bild wird der Körper zweidimensional, und die Tiefe muß nachgeahmt werden – zum Beispiel durch *perspektivisches* Malen.

Eingebung *27* Plötzlicher Einfall, spontane Idee.

Freie Künste *28* Zu Leonardos Zeit zählten Malerei und Bildhauerei zum Handwerk. Heute werden sie zusammen mit der Graphik als freie Künste innerhalb der bildenden Künste (Architektur, Bildhauerei, Malerei, Graphik, Kunstgewerbe) bezeichnet.

Firnis *16* Durchsichtiger Lack, der zum Schutz gegen Schmutz und Feuchtigkeit auf ein *Gemälde* aufgetragen wird.

Gemälde *10* Mit Farbe auf einen flachen Untergrund gemaltes Bild.

Genie *7* Menschen mit höchsten schöpferischen Begabungen.

Gilde *11* Schon lange vor Leonardos Zeit hatten sich Männer mit gleichen Berufen zu Gilden und Zünften zusammengeschlossen. In diesen Verbänden konnten sie ihre Interessen gegen die Regierung oder andere Gilden besser vertreten als alleine.

Gußplastik *35 Plastik,* die dadurch entsteht, daß nach einem Modell eine Gußform angefertigt wird, in die heißes Metall (oder anderes flüssiges Material) gegossen wird. Sobald das Metall – zum Beispiel *Bronze* – hart geworden ist, kann die Gußform entfernt und die Plastik glattgeschliffen werden.

Harmonie *7* Angenehmes Zusammenspiel mehrerer Elemente.

Linien *17* Hier: Die strenge Architektur von Florenz kann den Eindruck erwecken, als wären ganze Straßen mit wenigen geraden Linien gezeichnet worden.

Malgrund *49* Untergrund, auf den gemalt wird.

Mittelalter *8* Zeitraum ungefähr zwischen dem 5. und dem 15. Jahrhundert.

Naiv *25* Hauptsächlich von Gefühlen bestimmt.

Ölmalerei *17* Beim Malen mit Ölfarben können mehrere Farbschichten übereinander gelegt und weichere Farbübergänge gemalt werden als mit *Temperafarbe.*

Perspektive *41* „Durchsicht". Hier: Die Abbildung des *dreidimensionalen* Raumes auf der Bildfläche.

Philosoph *9* Gelehrter, der über die Ursprünge und Zusammenhänge der Dinge nachdenkt.

Plastik *14* Siehe *Skulptur.*

Portrait *19* In der Malerei das Bild eines bestimmten Menschen (sprich: Porträ).

Prior *38* Vorsteher eines Klosters.

Regisseur *23* Gibt in Filmen und Theaterstücken Anweisungen, wie sich die Schauspieler bewegen sollen, wohin das Licht leuchten soll, und so weiter.

Renaissance *7* Zeitraum ungefähr zwischen 1400 und 1600 (sprich: Renäßons).

Scharlatan *29* Schwindler. Jemand, der von Dingen spricht oder Bilder zeigt, die es nicht gibt.

Sfumato *24* Maltechnik für sehr weiche Farbübergänge. Siehe *Ölmalerei.*

Skulptur *10 Dreidimensionales,* frei stehendes oder hängendes Kunstwerk.

Tempera *17* Vor Erfindung der Ölfarben von fast allen Malern verwendete Technik zur Herstellung von Künstlerfarben.

Transparenz *24* Durchsichtigkeit.

Umrißlinie *24* Eine meist dunkle Linie, die um eine Figur oder Farbfläche herum gemalt ist. Da es in der Wirklichkeit keine solche Umrißlinien gibt, wirken sie auch im Bild unnatürlich.

Volumen *27* Hier: Die Körperhaftigkeit eines Gegenstandes: Die Breite, Höhe, Tiefe.

Kleine Biographie

1452 Leonardo wird am 15. April in Vinci geboren. Er ist der uneheliche Sohn von Ser Piero di Antonio und der Bäuerin Catarina.
1469 Leonardos Familie siedelt mit ihm nach Florenz über.
1472 Er wird in die Malergilde von Florenz aufgenommen.
1472 Bis 1476 Arbeit in Verrocchios Werkstatt. Er malt den linken Engel auf dem Bild seines Meisters, die *Taufe Christi*.
1478 Er erhält den Auftrag zu einem Altarbild für die Bernhards-Kapelle des Palazzo Vecchio in Florenz.
1480 Auftrag des Klosters San Donato di Scopeto bei Florenz zu einem Gemälde. Leonardo malt die *Anbetung der Könige*, vollendet das Werk aber nicht.
1482 Übersiedlung nach Mailand. Leonardo bietet Ludovico il Moro seine Dienste an.
1483 Erste Entwürfe zum Reiterstandbild Francesco Sforzas. Die *Dame mit Hermelin* entsteht.
1487 Entwürfe für die Vierungskuppel des Mailänder Doms.
1490 Zur Hochzeit von Isabella von Aragonien mit Gian Galeazzo Sforza entwirft Leonardo Dekorationen und Kostüme für das Schauspiel „Paradies".
1495 Er beginnt mit der Arbeit am *Abendmahl*.
1499 Aufenthalt in Mantua am Hof von Isabella d'Este.
1501 Wieder in Florenz, fertigt Leonardo erste Skizzen zu dem Bild *Anna Selbdritt*.
1502 Ernennung zum Kriegsingenieur von Cesare Borgia.
1503 Leonardo beginnt mit der *Anghiarischlacht*, einem Wandgemälde im Palazzo Vecchio. Beginnt danach die *Mona Lisa*.
1508 Wissenschaftliche Studien, unter anderem zur Natur des Wassers.
1513 Leonardo geht nach Rom und tritt in die Dienste Papst Giuliano de' Medicis.
1513 Ausführliche Studien zur Optik und zur Anatomie.
1516 Er folgt der Einladung des französischen Königs Franz I. und siedelt in das Landschloß Cloux über.
1519 Leonardo stirbt in Cloux.
Er wird im Kreuzgang des Klosters St. Florentin in Amboise beigesetzt.

Abbildungsnachweis: Scala: S.12 oben, 14, S.15, S.17, S.20, S.23, S.24, S.25, S.26, S.27, S.28, S.29, S.31, S.34, S.35, S.36, S.38, S.39, S.40, S.41, S.43, S.45, S.48, S.49, S.50 unten, S.52, S.53, S.54, S.55, S.58. Artephot/Fabbri editori: S.10 unten. Artephot/Nimatallah: S.10 oben, S. 12 Mitte. Artephot/Babey: S.56 links. National Gallery, Washington: S.19. Giraudon: S.9, S. S. 12 unten, S.13, S.51. Anderson-Giraudon: S.32, S.33, S.50 oben. Sabam, Brüssel: S.56 oben. Réunion des musées Nationaux, Paris: S.21 unten. Botero: S.57.